明公啟示錄

范明公精英教養學
（二）

——無縫陪伴及孩童從零～七歲的身心發展與教育

作者／范明公

【目錄】

【精英教養⑦】
第七章
孩童的身心發展與教育
─蒙特梭利第 21 至第 31 個敏感期　171

06

第一章
出生過程打造影響一生的心理定勢

每個新生命的出生，都具有重大意義！

胎兒經過 10 月懷胎，在母體約 40 周的這段時間逐漸成熟。

出生的過程，對初到這個世界的嬰兒來說是一項巨大挑戰。

雖然，母親生產或孩子誕生都是人類跟動物皆有的本能，

我們仍需要好好學習。

人為手段干預自然生育的各種問題

教養學，就是育兒、教養、教化之道。這是全天下動物或原始人，基於本能就知道該如何生、該如何養、該如何成長。人類卻隨著文明發展而喪失這種本能。現今的女性擁有更多知識，卻不知道該如何生孩子、如何養孩子。甚至還接收不少錯誤觀念，捨棄了最正確的自然方法來生兒育女。

生養孩子應該是一個自然的過程。人類在數萬年甚至數十萬年的演化過程中，就用這種自然的，也就是最原始的、出自本能的方法來生兒育女。因為它是經過漫長歲月自然而然地形成的，故能達到人與自然的和諧狀態。

現在的媽媽為了照顧好新生兒而忙於汲取養育新知。但你可知道，這些知識當中有很多是錯誤觀念。為何我說這些知識不正確呢？因為它違背了自然與本能。

近百年來西方醫學成為主流，在生育方面的發展愈來愈背離自然，把一些人為強加的醫療手

段視為先進科技：人工受孕、試管嬰兒、人工代孕，還有剖腹生產。現代醫學的做法是人為地干預大自然的正常淘汰機制。

　　動物沒有優生優育的問題，都是自然地淘汰。但是在進化過程中，透過初生階段淘汰一部分不適應的、不堅強的、動力不足的下一代，用以確保存活下來的都是強者。雖然出生死亡率因此居高不下，但這個機制能保證種族會愈來愈強大。而且，愈是位於食物鏈愈高等級的動物，出生死亡率就愈高。從大格局、大方向來看待出生時的死亡，「優勝劣汰」這個自然規律對整個族群發展有一定的積極性。

　　試想，如果沒有現代醫學手段的干預，會有多少孩子一生下來就死了？有的人特別健康，但是也有孩子在生產過程中因為臍帶纏頸之類的意外而夭折。在古代，因為當時的醫學水準解決不了這個問題，所以，只要是不夠健康、不夠強壯的孩子，很容易就因為各種意外而沒了。

　　可是，現在醫學就有能力杜絕這種情況。不僅是剖腹生產，還有試管嬰兒與代孕。透過這種

方式生出來的孩子，內心狀態會是什麼樣子？

　　人工受孕、試管嬰兒、人工代孕，都訴求讓婦女解放，讓媽媽解放。看似讓婦女獲得解脫，隨時都可以投入工作，也不必親自懷孕，不用自己帶孩子。對孩子來說，原本競爭激烈的授精過程，變成只需在爸爸的精子裡選幾個出來，把母親的卵子拿出來之後就直接結合了。多省力，多安全，效果又好！

　　但是，精子和卵子是如何結合的呢？精子要能找到卵子，不僅需要強大的體魄，還需要強大的意志，同時還要有非常好的運氣，才能夠找到卵子跟它融合，變成新的生命。在這之前，精子會經歷過無數的磨難。所以，能和卵子結合的精子一定是最強的，這就是自然界的優勝劣汰。

　　但是，做試管嬰兒的話，精子什麼都不需努力就能跟母體的卵子結合了。這意味什麼呢？原本按照自然法則，精子必須靠自己拼搏，在一趟未知的旅途中跨愈各種艱難、深溝、高山，還要憑著強大的運氣才能與卵子結合。試想，有數億個精子正準備出發去找卵子，突然之間這活動停

止了。取而代之的是醫護人員在幾億個精子裡挑幾個精子，讓這些精子不用做出任何努力就可以跟卵子結合。

若按照自然規律，人的生命是自己拼搏而來的。只要按照正常順序：與數億個精子競爭、歷經各種辛苦才與卵子結合而形成胚胎……歷經這一切，最後才出生。誕生，是自己拼命競爭努力的結果！

反觀試管嬰兒：精子是被選擇的。精子沒有經過拼搏、沒有經過奮鬥，最後只剩下的是運氣。為何這麼說？如果公平競爭的話，現在被挑選出來的很可能就是自然競爭中最早被淘汰的那幾個。結果，這幾個精子現在被選擇了，什麼都不必努力就可以獲得生命。

這符合自然規律嗎？不符合自然規律的結果會是什麼？如果大多數人都採用這種試管嬰兒，像這種做法的話，我們人類絕不會一代比一代強，一定是一代比一代弱。如果這樣做，我們完全違背最基本的自然法則，整個人類早晚有一天要毀在這上面，這是我們從這個角度來談這個問

題，所以愈自然的它愈有意義。

　　什麼意義？對人類來講，種族能夠延續、能夠不斷進化、繁衍的意義。自然的法則看似殘酷，卻能保證物種、人類會愈繁衍愈強大。因為，每一個被生出來的都是強者，強者生出來的後代也都是強者。

　　現代的醫療理念出於人道主義，認為不管什麼生命都是最寶貴的。這當然沒錯，但如果整個人類都因此一味違背自然的淘汰機制，我們是不是在違法？什麼事情都有額度，人類幾十萬年甚至幾百萬年代代繁衍，形成一整套最適合人的身心發展規律的生養育體系，在近1～200年內被徹底打破了，導致現代人反而不知道怎麼生，怎麼養，怎麼育兒。

父母教養便利貼：

從大格局、大方向來看待出生時的死亡，「優勝劣汰」這個自然規律對整個族群發展有一定的積極性。

再談談代孕的問題。也許有人會說：「你看人家寶寶生出來都挺好的，社福人員非常好，代孕的那些人也都挺好的……。」但我要提醒你，任何事情都不要只看表面。看似先進的醫學，但是我們考慮過孩子的感受嗎？孩子正常的一個心理狀態，他會是什麼樣子呢？

福德，影響自身與下一代

可以這麼說，只要能夠順利出生，一定是各個方面的強者。他具備了強者的基因，在身體、心理與靈感都優於他的競爭者。靈感，或稱直覺，它代表的就是運氣。而在運氣的背後，則是由福德支撐、保障的。

什麼是福德？福德並不是只存於這一世。它在形成這個世界的生命之前，就已歷經了生生世世。所以，我們運氣來自於哪裡？靈感來自於哪裡？就來自福德。以精子來說，為什麼它能衝往正確方向並有機會跟卵子結合、形成為一個新生命？在形成生命的過程中，只要福德差一點就不

行。所以，我一直強調要多積陰德。多積陰德者常有貴人相助，你會發現自己的運氣出奇地好。這在人類歷史也有數次驗證。所謂「積善之家必有餘慶，積不善之家必有餘殃」正是這個道理。

所以福德，關係到自己的生生世世，還有就是你的家族是否也有福德。所以，我提出的教養學，裡面好像有很多地方都涉及迷信與信。教養學是很嚴肅的科學體系，但我發現在做了這麼多年的個案諮商之後，透過大量的臨床個案得知：所謂的福德並不是噱頭，而是實實在在且能影響到一個人的生命，且能實實在在地影響到子孫的狀態。福德會影響你能生出什麼樣的兒女，而且福德還能傳下去——你是有福德的人，你的兒女就全都能明事理、善良。這不簡單，這裡頭有很多的因素。

出生這段歷程是人一生最初的挑戰

現代婦女的生產，大致可分為順產和剖腹

產這兩種方式。所謂的順產，意指母體是自然地生產、嬰孩是自然地被分娩出來。剖腹產則是人為地剖開產婦的腹部與子宮，從子宮直接取出嬰兒。不同的出生方式會對孩子造成什麼影響？會為孩子成長帶來什麼樣的意義？

新生兒來到這個世界，有兩種方式：一種是主動的，一種方式是被動的。所謂的「主動」是什麼呢？這個生命體的態度與行動是：我想來到這個世界、我希望來到這個世界；我為了來到這個世界而捨得用盡全力，把生命潛能發揮到最大值。

主動來的生命，會努力爭取降生到這個世界的資格。誕生是他自己爭取並經過一番拼搏的成果。也就是說，這個新生命對於來到這個世界，會展現生命最原始的動力，這個動力會促使他在出生過程中拼命向外掙脫母體。

在胎兒變成嬰兒的那一瞬間，這個新生命必須經過痛苦掙扎、拼命努力，最後才能正式進入這個世界。此時，這個生命會是什麼樣的狀態

呢？是開心、欣喜的嗎？會帶著成功的喜悅嗎？並不是的。對於剛出生的嬰兒來說，這世界是完全陌生的。陌生就會帶來恐懼。而且，嬰兒因為那個時候的知覺、感受、神經系統都已經完全發育，能感受到空氣與風，哪怕細微的空氣流動，他都有感受。肺開始張開，開始向體內吸氣、呼氣了。

嬰兒第一次接觸空氣的時候，皮膚感到的是刺痛般的不適，因為這是嬰兒從來沒接觸過的。當他在母體內的時候是泡在羊水裡的，那是一種溫暖且柔軟的保護。一旦暴露在空氣中，沒有了水的包圍，就變成一種失控的狀態。風吹到皮膚是一種割裂般的痛。空氣經過鼻子吸入到肺，吸入到體內，肺在第一次張合的過程引發的是痛覺……這些從未經歷過、極強烈的反應會帶來什麼？

嬰兒的眼睛雖然沒有睜開，但仍可會感受到光，且是手術台的強光。在胎兒時期，在母體子宮裡頂多只能感受到微弱的光。但在被生出來之後，面對的就是強光，這種光刺痛了雙眼。

胎兒在母體內，聽到的外界聲音都是隔著母親肚皮的，沒那麼強。但是，在生出來之後，哪怕護士、醫生、旁邊的人或各種聲響，對新生兒來講，都比打雷還要響。新生兒在剛開始啟動嗅覺、觸覺、視覺與聽覺的時候，感受都是非常非常強烈的。未知與各種痛苦感受，這種狀態帶來的只有恐懼。

充滿奮鬥的生育過程奠定心理定勢

新生兒在痛苦的誕生過程，首次面臨到命運的挑戰。他會為了自己的生命而進行人生第一次拼搏；而且，這種透過順產方式所經歷的辛苦，將是他人生裡無數次拼搏裡強度最大的。

父母教養便利貼：

唯一能給新生嬰兒帶來安全感覺的，只有母親。當媽媽把嬰兒抱在懷裡輕聲撫慰的時候，嬰兒才能有一絲的安全感。

　　嬰孩在出生過程中會經過母體產道的擠壓。由於嬰孩那時候的骨頭還很軟，全身上下受到強烈擠壓的時候，有些新生兒的腦殼甚至會被擠到變形，可見承受的壓力有多大！但是，一旦出生了，這個過程反而會大幅激發身體適應這個世界的能力。如果你不想來到這個世界、不想承受這種痛苦、不想努力拼搏、不想積極去爭取生存的資格和權利，你就會夭折。

　　順產在古代或原始社會導致了相當高的嬰兒死亡率，這是自然淘汰的結果。大自然對每個生命體都非常公平。你想不想來到新的世界？有沒有生存的欲望？能不能為了讓自己活下來而克服重重困難？能不能拼盡力氣去得到生存的資格……這一切全都由你自己決定。所以，在古代那種完全為自然生產的過程中，凡是動力不足、意願不強、不肯付出、害怕痛苦、不想經歷磨難的生命，幾乎全數夭折了。

　　這種自然淘汰的過程，也是優勝劣汰的過程，非常殘酷。 無論在大自然或人類社會，我們在出生之後的人生，想繼續生存下去就會不斷面

臨各種磨難及威脅。你或孩子會用什麼方式去面對這些挑戰？其實，這種心理定勢的心態早在你或孩子剛出生之際就已經註定了。

　　每個熬過順產過程並成功存活下來的嬰兒，都是強者！因為，這樣的人經歷過出生的痛苦與煎熬，在分娩過程中拼死拼活想要生存下去。今後人生碰到的挫折、磨難、威脅，都沒有出生時所面臨的挑戰更強烈、更巨大，因此也就變得無須畏懼。

　　所以，人最初的自信源於哪裡？最初的自信、最初的動力、最初拼搏向上的意願，就來自出生過程。所以，出生對每個人都具有非常重大的意義。這是心理定勢（註）形成最初的原定。這一生經歷的一切，也都在這種心理定勢的狀態下向外延伸。

　　當然，生命可說是由父母親賦予的，但它也是自己拼搏、努力而來的。人來到這個世界並不是誰求你來的，而是你自己想來的，你的一生包

註：心理學專有名詞。Mental Set，或譯為心向、心理定向，也就是一種心理傾向，習慣或態度。

含出生過程也不是別人安排好的，而是自己積極努力、歷經一番拼搏而來的。這樣的心理定勢，對今後一生的發展具有非常重大的意義。因為，人生的第一次拼搏、第一次爭取、第一項成就，第一次產生的自豪，全都由此而來。

剖腹產很安全卻會扼殺孩子的學習

到底是選擇順產好呢？還是剖腹產好呢？

中國與歐美的婦產科醫生對此立場大不同。西方的婦產科醫生多會建議孕婦選用最符合自然法則的順產。除非順產對母子會構成危險，迫不得已才選擇剖腹產。反觀中國的婦產科醫生，通常會建議孕婦儘量選擇剖腹產，因為他們認為剖腹產安全，而且母子雙方都不必遭受痛苦。從子

父母教養便利貼：

在保證母子均安（媽媽與胎兒都正常）的狀態下，採取自然生產的順產方式，這對孩子的意義會非常地重大。

宮裡直接拿出來嬰兒，孩子自己不必費力地在產道裡拼搏。媽媽也可以避免產道因此鬆弛等生理問題。所以，中國這幾年還是以剖腹產為主流。

　　無論母親或嬰孩，在順產過程都會經歷極大的痛苦。順產對新生兒也有一定的危險。因為，嬰兒基於本能會在擠出產道的過程拼命向母體之外擠出，有可能會被臍帶繞頸而窒息，剖腹產就能避免這類危險！

　　古代沒有剖腹產的技術，產婦都是順產，這也是嬰兒死亡率高居不下的主因之一。所以，從出生順利的角度來看，剖腹產的最大優點就是避免母子雙方的痛苦與危險。

　　那麼，剖腹產的問題在哪裡？選擇剖腹產的母親在生產過程幾乎沒遭受痛楚，也不需用力，就能生出嬰孩了。孩子呢，更是一路順遂平安。他原本在子宮裡被羊水環繞著，舒舒服服地躺在「黑暗小屋」裡面。突然之間「門開了」，醫生剖開子宮然後把他取出。在整個過程中，嬰兒自己完全不需費力。

　　順產是母親和孩子共同拼搏的過程，剖腹產

則是母子都沒經歷這個過程。所以，剖腹產的寶寶，人生第一次挑戰就是被醫師從子宮裡取出之後，因皮膚接觸空氣而突然驚醒的嚎啕大哭。也就是說，剖腹產的孩子因為誕生過程一路順遂，欠缺挑戰，無從激發出那種為了求生存而拼搏的心理定勢。

要知道，人在這個世界會經歷很多磨難，從小到大得要經歷很多挫折。如果有信心，那就能夠挺過去。捫心自問，當碰到困難的時候能激發出生的原動力嗎？如果不能，那就輸了。

所以，我們應該要給新生兒一個嘗試挑戰的機會，讓他透過分娩過程遇到的重重挑戰，奠定強者的心理定勢。如果你讓孩子很輕易地就被生到這個世界，他就失去建立這種心理的絕佳機會。現代醫學為了安全、舒服，不讓有機會孩子獲得這樣的成長體驗。這是父母失責了。

當然，並不是透過剖腹產方式誕生的孩子全都沒能力面對磨難、沒有堅毅的心理去拼搏。我只是說，出生過程通常是孩子在他人生中最重要的一次經歷，甚至能影響到以後的成長。

我並非全然否定剖腹產。因為，自然的生產方式會淘汰20～30％的小生命。雖說大道無情，我還是希望出生時的嬰兒死亡率是愈低愈好，最好是零。只不過，如果可以的話，最好還是儘量採取順產的方式。媽媽努力把孩子生下來，孩子也努力讓自己來到這個世界。若選用順產的方式會有風險，才退而求其次地選擇剖腹產。

　　話說回來，我們也不必擔心透過剖腹產出生的孩子將來必然是人生輸家。他只是少了一次經歷、少了人生應有的第一次挑戰，但這項缺失並不會決定一切。

順產是孩子最珍貴的人生首次體驗

　　大家多半只探討剖腹產或順產的利弊，很少有人用教養孩子的角度來分析。我之所以會這樣推論，是因為我從大量的臨床個案發現有此傾向。

　　通常，當成年人挺不住困難與挫折了，到我這裡諮商的時候都會表現一副「那些挫折、困難

根本是天大的磨難，所以我才會過不下去」的樣子。其實，這時並不需要講太多道理給對方聽，只需帶他回溯自己剛出生的那一刻，讓他重溫那個時候自己面臨的困難、磨難與危機……這個成年人就知道自己其實遠比他所知的還更強大。 目前在現實中碰到的磨難與挫折，根本就不算甚我從大量的臨床個案得出上述的結論。所以，用最自然的、最本能的方式順產，有意義的。

　　即使順產會讓母嬰雙方都痛苦，尤其是媽媽，生孩子的疼痛在10級疼痛裡被列為最高等級，順產也會對母體造成一定程度的傷害，我仍認為這是最好的方式。對母親來說，分娩的痛苦只出現在這段期間。經歷之後一定會獲得相對應的回報。若沒經歷生孩子的痛苦，母親的生產過程非常輕鬆、沒什麼疼痛，之後的回報也必然有

父母教養便利貼：

若選用順產的方式會有風險，才退而求其次地選擇剖腹產。話說回來，我們也不必擔心透過剖腹產出生的孩子將來必然是人生輸家。他只是少了一次經歷、少了人生應有的第一次挑戰，但這項缺失並不會決定一切。

差！

　　當母親的，生產時千萬不要為了維持自己的身體與身材，想讓孩子毫不費力、沒有一點風險地出生，就輕易決定要做剖腹產。你應該要這麼思考：為了孩子今後有能力去適應這個社會，在發展過程中有更多能力去面對那些人生中必須面對的挫折、磨難與坎坷，就應該在孩子在出生過程中儘量地體驗。我們再怎麼愛自己的孩子，也得讓他出去經歷風雨。只有讓他更好地去感知一切，他才能更適應這個世界。

　　愛孩子的父母，一定要放手去讓孩子經歷，而不是把他保護得緊緊的，像溫室裡的小花。「養在溫室」裡的孩子，長大後一到社會經不起任何風雨，就是個廢材。用這種方式寵孩子的父母，絕不是合格的父母！

　　連動物都知道這個道理。以狐狸來說，狐狸寶寶長到稍大一點的時候，狐狸媽媽就會攆它離開巢穴，讓它們經歷外界。當然，狐狸媽媽會先教它們如何補食、如何保護自己。到了一定年齡就會趕他們出去。有一部分小狐狸離開巢穴之

後，在外面無法適應，真的就死掉了。但是，能活下來的就保證是強者。日本曾拍過一部紀錄片《狐狸的故事》(註)，片中有一段描述母狐狸帶小狐狸成長的過程，我覺得人應該向這隻母狐狸學習、向動物學習。

有了正確的心理定勢就能掌握命運

教養學是源自於深層的心理的根源。我這套教養學的唯一目標就是健康、開心。我認為健康、開心是最基礎的。至於成功與否，那是建立在健康與開心基礎上的事。再者，如果成功了卻沒有強大的體魄、強大的內心，在成長過程也會面臨著各種各樣的挑戰，你很難能保證自己全都能過得去。

我從這個角度給大家解讀教養學：深層的心

註：《狐狸的故事》這部日本記錄片由藏原惟善導演，於1978年出品。日文片名《キタキツネ物語》，英譯為《Story Of The Fox》或《The Glacier Fox》。1980年代初期，中國大陸引入該片並配上中文版旁白，近年又在愛奇藝等線上播放平台上架。故事場景為日本北海道北端的鄂霍次克海邊，講述一對北極狐相遇，狐狸媽媽懷孕、生下五隻小狐狸，狐狸爸爸照顧全家，以及這對父母刻意拋棄小狐狸來促使他們成長的生命歷程。

理定勢決定了知見觀念；知見觀念決定了我們的思維模式；思維模式決定了行為模式；行為模式決定了決策，也就是判斷模式；判斷模式則決定了我們的命運。

所以說，命運掌握在自己手裡。命運是由每一個決策構成的。每個決策就是一個點，把所有的點連接起來就是命運的曲線。而每個決策背後，都有行為模式的影子；每個行為模式的背後，都有思維模式的影子；每個思維模式的背後，都有知見觀念的影子；每個知見觀念的背後，都有心理定勢的形成。所以，心理定勢是最深的影子。

形成心理定勢的，就是教養！

特別是孩子，在七歲之前就要培養出正確的心理定勢。因為，有了正確的心理定勢，才能建立正確的知見觀念、思維模式、行為模式、判斷模式與決策模式，也才能擁有好的命運。

父母教養便利貼：

所以命運掌握在自己手裡。命運是由每一個決策構成的。每個決策就是一個點，把所有的點連接起來，就是命運的曲線。

28

第二章
產後 24 小時是奠定親子關係的關鍵

講究子女教養的父母，都希望孩子能贏在起跑點。

殊不知，真正的起跑點比你想像的還要早！

在父母結合之際就決定了先天、在胎兒期決定了後天。

剛脫離母體的新生兒，正式進入後天教育的第一個階段。

嬰兒剛出生的時候，與母親的關係決定了

他對世界及人際關係的最初認知。

嬰兒家裡的環境，也對他長大後具有相當重要的意義。

母親是新生兒最直接且唯一的安全感來源

當孩子還是胎兒的時候，他在媽媽體內就已經能夠感知這個世界。胎兒期的內環境由媽媽的情緒、壓力、飲食、作息等因素構成。而胎兒在母體內成長6個月以後，他也會感知到外界動靜，這個時候，外界環境就會影響到胎兒心理。

當孩子出生之後，環境對於孩子的教養就更加重要了！因為出生之後會有銘印現象。那麼，外部環境對初生嬰兒會有什麼影響？這些影響會如何關係到他今後一生的命運？姑且不論孩子在出生的醫院或婦產科診所受到怎樣的照顧，我們僅就嬰兒在出生那一刻的心理感受來談談它的終生影響。

上個章節，我們提到新生兒驟離母體、初次面對世界的身心感受。對新生兒來說，出生之際面臨的一切變化都是痛、都是苦。唯一讓他感到熟悉、能給予安全感的，就是母親！

我們的安全感、歸屬感，以及對世界的認

知與感受，就從誕生這一刻開始。有的人一生欠缺安全感，有的人個性冷漠、難以跟他人建立親密關係，還有人直到老死都對人與世界沒有信任感。為什麼？其實，這都跟出生時的經歷有著直接關係。

如果媽媽在孩子剛出生的時候沒有好好照顧，很可能就會對他的身心造成重大傷害和影響。

母親剛生下嬰兒的時候，她通常非常緊張，其實，嬰兒此時也非常緊張；母親很恐懼，嬰兒也很恐懼。所以，對剛出生的嬰兒，第一要務就是提供安全感。在新生兒初次面對這個陌生世界而感到極度恐懼的時候，只有媽媽才能帶給孩子最大、最直接的安全感。媽媽是新生兒安全感的直接來源也是第一來源，媽媽是不可替代的。

父母教養便利貼：

在新生兒第一次面對這個陌生世界而感到極度恐懼的時候，只有媽媽才能帶給孩子最大、最直接的安全感。但而媽媽的安全感卻是來自於另一半——爸爸。

父親的支持，才能給予母子最安全的倚靠

媽媽要能夠給嬰兒安全感，首先，媽媽自己得有足夠的安全感才行。而媽媽的安全感是誰給的呢？就是爸爸。

其實，女人在懷孕、生產的過程會感到恐懼。尤其是生產過程，特別地疼痛，這點很讓人緊張。這個時候，孩子的爸爸能帶給媽媽安全感。

通常，女人在生產時都會希望老公能陪在身邊。對媽媽來講，另一半的陪產不僅有生理上的需要，還有心理上的需要。「這個孩子是我們夫妻兩人共同努力才生下來的。」爸爸在一旁這樣地安慰媽媽，媽媽就安心了，變得沒那麼緊張、恐懼。這樣會更有利於順產。

所以，我建議父親在分娩過程最好能在產婦的身旁陪伴。但在現實生活裡，老公在老婆生孩子的時候，基本上是不可能陪在旁邊的。按照現今醫療作業的標準模式，產婦生孩子的時候，爸爸和其他親屬只能在產房外面乾著急，在外面的

等著聽嬰兒第一聲啼哭，在裡面的老婆則痛得直喊喊老公。若在古代，基本上都會有產婆來家裡幫忙接生，男人也不允許進產房，這是習俗。

其實，生產時男人沒陪在身邊是不對的。從母親與嬰兒的身心健康的角度來講，爸爸應該在媽媽身邊陪著，大家一起努力讓孩子順利降臨人間。當然，現在國外已經有些國家允許爸爸在產房陪著媽媽一起把孩子生下來，這樣很對。這是我的第一點建議：爸爸陪產。

嬰兒出生後 24 小時內，要待在母親身邊

第二點建議就是，孩子出生之後不要離開媽媽，這點非常非常重要！

現在無論是醫院或婦產科診所都這樣做：孩子出生之後，護士只讓媽媽看一眼就馬上抱去清洗，然後放在嬰兒室跟其他剛出生的寶寶集中放在那兒。媽媽在別處休息，孩子就由護士打理，放在單人嬰兒床，等到要吃奶的時候才抱到母親身邊。我告訴各位，現代醫學這樣做，雖有

衛生、安全各方面的考慮，卻獨漏了心理層面的考量。這樣做，錯的很離譜。當然了，醫生這樣做，是有醫生的考量。但我們考慮的是孩子的身心、整體生命的狀態與發展規律。

孩子剛出生的時候，他對世界的恐懼是發自本能、不可抑制的，唯一能給他溫暖和安全感的是媽媽。他聞著母親的味道、聽著母親的聲音，被母親溫柔地抱著、撫摸著，只有這樣，嬰兒才會慢慢安靜下來並開始適應這個世界。

這點非常非常重要。當嬰兒身體離開母體之後，他的心理其實還沒有離開母體，他和母親還是一體的。嬰兒這種和母親一體的關係，會一直延續到哺乳期終止時才結束。這段時期，母親的隨時陪伴與即時滿足，對嬰兒是最重要的。

初生兒在誕生之後因為要清洗等原因，會短暫離開母體，之後就應該馬上讓孩子再回到母親的懷抱。也許有人會質疑，產婦才歷經生死大關，不讓她休息一下嗎？孩子也都滿身血汙，不清洗一下嗎？其實這些都不重要。當母親看到自己生下來的孩子，會發自本能地想要去抱和摸，

因為這是跟自己血肉相連的孩子。

母子之間牢不可破、特別親密的情感是從什麼時候建立的？母親懷胎十月只是個前提。真正的母子情感是從誕生這一刻才開始建立的！這時，嬰兒剛剛到世界，他第一個接觸的人、第一眼看到的人、第一次感知到這個世界的人，在他出生的這一刻基本上就已經定型了。

心理受創的嬰幼兒，長大會出現心理問題

我們從不在乎嬰兒出生時的狀態，初生之後跟誰在一起……，我們不在意自己倒底給了新生兒什麼樣的環境！只認定嬰兒就是一個無知的小生命，他沒有情感，也沒有恐懼……。因此，大人對嬰兒做出許多違背自然發展規律的事，不

父母教養便利貼：

當母親看到自己生下來的孩子，會發自本能地想要去抱和摸，因為這是跟自己血肉相連的孩子。並建立母子之間牢不可破、特別親密的情感。

經意就傷害到嬰兒的身心。那些剛出生就離開母親的人，在成長過程一碰到相應的刺激性事件，就會引發巨大的恐懼、抑鬱、焦慮，甚至因此自殺。在醫院出生的許多孩子都是如此。即使這些孩子表面上看起來過得都挺好，學習不錯，也都挺乖、挺孝順的。但我告訴你，剛出生之際受到的傷害是隱形的。它不像肢體畸形或身體的傷口能被看見，心理創傷是看不見也不會消失的。

　　現實中有很多成年人或青春期的孩子出現不適應社會的各種問題。很多人的人格扭曲，性格怪異、人際關係差、難以溝通等問題；或者，一失戀就要自殺，一受到挫折就意志消沉或是極度地恐懼、焦慮、抑鬱。這些成人時出現的症狀，其實只是結果。

　　果必有因，因在哪裡？我們治療成年人的這些症狀，都會回溯到患者的胎兒期和哺乳期。結果發現：很多人在青春期或成年以後出現吸毒、遊戲上癮、變態、反社會行為，這些問題都根源於胎兒期剛出生的那一刻。

　　按照現今的醫療作業流程，孩子剛出生的時

候，護士就直接抱走嬰兒進行清潔、擦拭，然後再抱給母親看一下，接著就量體重、量體溫。沒多久，小被一裹，剛生下的嬰兒就被抱到保溫箱或嬰兒室了。在嬰兒室集中了該醫院或診所裡的新生兒，每個都獨自躺在自己的小床。

試想你自己是這名新生嬰兒，在產房的經歷會是如何呢？你在出生過程中經歷了痛苦的掙扎，好不容易滑出產道，一下子來到這個陌生世界。接著就被一個陌生人（護士）抱去清洗、過磅。這時候，新生兒的觸覺相當敏感。你在這個過程中只會感到疼痛，而抱著自己的這個人你又不認識，結果就更讓人害怕了。之後，你被抱到了嬰兒室的小床或保溫箱裡，全身包得緊緊的，根本動不了，眼睛又看不清，身邊沒有半個熟悉的人，只有自己躺在小床。

新生兒就這麼來到世界。第一眼看到的是陌生的臉、接觸的是陌生人。護士不會像媽媽對孩子那樣地溫柔——其實，即使這位護士再溫柔，嬰兒也感受不到。因為新生兒只能感受到媽媽的溫柔。

剛出生的嬰兒自己孤伶伶地躺在小床，沒有人跟他互動，他在陌生世界的第一個感覺就是恐懼、無助、沒有安全感，第二個感覺就是孤單、寂寞。在現代醫學體系之下出生的孩子，來到這世上最關鍵的時刻，感知的就是陌生、冰冷、孤獨、寂寞與無助。這構成了孩子對這世界的最初認知。一旦這個認知固定了，就容易形成對世界的基礎感知，一生都改變不了。他長大後，對人就可能是排斥、表現冷漠的。

我們經過大量的臨床試驗，就知道在懷孩子和孩子出生的時候應該怎麼做才真的能夠保證孩子的心理健康。一個心理非常健康的孩子長大以後是能面對任何挫折以及磨難的，他不會自殺、他不會因挫折而扭曲、他不會因為吸毒而上癮、他不會因為打遊戲最後沉迷而失去自我……。一個健康的孩子到了社會，這些都問題不會出現，他也絕不會因失戀而自殺。這就是我們的教養學課程意義所在。

我們的教養學課程得到任何的結論，都是在大量臨床個案經驗的積累下，再結合現代的心理

學、腦神經科學、胚胎學、營養學，跨學科的各個方面科學實驗，再結合中華祖聖先賢告誡我們的。是這幾項結合起來，才有了我們的這一整套教養學。這套東西是非常難能可貴的。它有很多的結論都顛覆了現在所謂的教養學或育兒學。到底我的教養學得到的這些結論是不是這麼回事？我們可以去驗證。

所以，剛出生的嬰兒不可以離開母親！因為只有母親能給他安全感。孩子長大後，能否容易跟別人形成信任與親密的關係，在剛出生的這一刻就已經註定了。

父母教養便利貼：

媽媽10月懷胎，孩子在母體內；孩子出生之後約有9個月的哺乳期，這時候媽媽則變成了「半母體」。此時的嬰兒，雖然身體和媽媽已經分離了，但心理還是連在一起的。所以，10月懷胎加上出生後的9個月哺乳期，媽媽跟孩子都是不可分離的。

初生環境影響新生兒的銘印與一生的心態

為什麼現在有這麼多孩子叛逆父母，不親父母？其實，親子之間並不會因為你是他媽媽，孩子就跟你有親密感。

嬰兒剛出生的時候如果離開母親，他跟母親就不親，這是有科學根據的。在1910年由德國行為學家海因羅特（Oskar Heinorth）發現的「銘印」現象，就解釋了這種本能。（註）

海因羅特透過大量實驗發現這個有趣現象：破殼而出的小鵝會本能地跟隨牠第一眼見到的移動物體，不管這東西是人、狗、貓還是機械玩具，小鵝都會自動跟隨其後。一旦小鵝跟隨某物、認定對方是牠的父母，這個認知就一生都不變了。這又稱為「認母行為」，而且這種行為不可逆。比如，小鵝第一眼見到的是玩具貓，牠就會跟著玩具貓跑，之後也只認為這個玩具貓是牠的母親。

註：銘印（Imprinting）或新生兒印記（neonatal imprinting），心理學的專有名詞。大陸稱為印刻現象、認母行為、印隨行為。

我們都以為動物跟隨母親是本能，動物寶寶天生就會認自己母親，但實驗證明卻並非如此。其實鵝寶寶並不知道誰是自己的母親，牠出生後第一眼看見什麼移動的物體，就會自動跟著。如果一開始跟的是機械貓，即使之後我們把這個機械貓換成真的母鵝，鵝寶寶也不會認母鵝的。

海因羅特的學生羅倫茲(K.Z. Lorenz)在這個基礎做了大量實驗。小鵝剛出生的時候，羅倫茲刻意不讓這批鵝寶寶見到牠們的媽媽，而是第一眼就看見自己。之後，羅倫茲走到哪，這群小鵝就跟到哪，長大了都跟著他。目前還流傳一張知名照片：羅倫茲在前面走，後頭有群小鵝跟著；因為這群小鵝把羅倫茲當成媽媽了。

羅倫茲在這個基礎做了大量實驗，發現銘刻現象不僅小鵝有，小貓小狗包括人類都有。銘印現象不僅是認母的行為，還包括寶寶對整個世界的感知。

無論是認母行為、感知人際關係的能力、對這個世界的基本感受和認知，都在嬰兒在剛出生的時候就固著了。因此，有些孩子長大以後，即

使周圍都是人、每天有人陪伴，他還是覺得孤獨無助、覺得人不可信任、覺得人跟人之間是冷冰冰的。即使老婆對他再好，老公再愛她，父母再為他付出，這個人也感受不到。為什麼？很大一部分就是銘印現象的問題。

你想想，現在孩子都是怎麼出生的？剛出生的嬰兒，第一眼看到的是不是都是護士或婦產科醫生？要知道，這孩子的第一眼對他今後有多大影響？父母在生孩子之前有挑選過護士跟醫生嗎？現代醫學體制根本不可能讓你有選擇！

如果是由兇神惡煞的護士來接生，新生兒第一眼看見的就是兇惡的表情、感受的是粗魯的動作，你覺得這孩子對世界會是什麼樣的印象？中國古時候，孩子出生時都會有產婆，或叫做「接生婆」。大戶人家都會選擇良善、端莊的接的

父母教養便利貼：

無論是認母行為、感知人際關係的能力、對這個世界的基本感受和認知，都在嬰兒在剛出生的時候就固著了。

女人來幫產婦接生，甚至有些人家還會要求接生婆要漂亮一點，要良善、端莊。因為，他們發現孩子長大後會跟接生婆很像。以前的人不知這是什麼原因。現在你知道這就是認母行為、銘印現象。但現代人根本不在乎這點，只要有護士把孩子接出來就行了。

出生後２４小時，是奠定情感的關鍵時刻

嬰幼兒的成長有敏感期與關鍵期。在這兩個階段，腦神經會在某些區域加強連結。嬰兒剛出生的24小時，正是他的敏感期和關鍵期。此時，嬰兒的大腦才剛開始啟動，初步構成對整個世界的情感、觀念與認知。所以，嬰兒在這24小時第一眼看見誰、跟誰待在一起，就非常重要了。如果錯過這個敏感期，大腦某些地方已經完成發育，這方面的認知缺了就是缺了。

所以，孩子出生之後要在媽媽的懷抱。一睜開眼看見的是媽媽，嗅覺、味覺、觸覺與聽覺都跟媽媽有關。最好還有爸爸在旁邊陪伴，不管是

撫摸或看著孩子都好，讓孩子剛到世上接觸的就是母親與父親。嬰兒有媽媽跟爸爸保護、安撫，很自然地就會跟父母建立親密、信任的關係。孩子長大後，對人類才會有基本的信賴感和親密感。這些正向的情感，全都是延伸自剛出生時的感受。

銘刻現象跟腦神經的聯繫有關。腦細胞與腦細胞之間有神經迴路，一旦神經建立迴路了，就會形成腦細胞與腦細胞之間的神經連接；這個神經連接會不斷地加強銘印現象，最後形成軌跡。當軌跡固定了，我們對世界的認知也就固定了，之後再去感受這世界的時候就會按照這個軌跡來進行。比如，如果我對這個世界感到恐懼，那我看到的東西全都會讓我害怕。愈恐懼，就會發現讓人恐懼的事愈多……這就是腦神經迴路的形成，然後就形成了軌跡，而這個軌跡會印刻的愈來愈深。

銘印現象，鵝寶寶在出生後約20個小時就固定了，狗寶寶約需15個小時。人類的新生兒需要多長時間呢？目前科學實驗還沒有結論，只確定

幾乎所有哺乳類動物都有這個銘印現象。所以，對於孩子在剛出生與之後的24小時，照顧重點有二：第一、爸爸要陪產；第二、嬰兒不可離開媽媽。像在產房護士清洗嬰兒等動作，最好由母親來完成。不過，通常母親在那時候早就因為分娩耗力過多而精疲力盡，甚至一生下孩子就累到睡著。這沒有關係！護士可以協助完成清洗嬰孩等動作。但是，嬰孩一包好襁褓就要馬上放回母親懷裡。讓孩子貼著媽媽的身體、聞到媽媽身上的味道，保證他來到這世上睜開眼睛第一時間看到的是媽媽，這就行了。

西方的醫學、心理學都認為神經迴路一旦建立就難以改變；即使有方法改變，也得先放棄原

父母教養便利貼：

嬰兒有媽媽跟爸爸保護、安撫，很自然地就會跟父母建立親密、信任的關係。孩子長大後，對人類才會有基本的信賴感和親密感。這些正向的情感，全都是延伸自剛出生時的感受。

有迴路，再重新刻劃出新迴路。光是要大腦放棄原有神經迴路就很難了。至於之後要再重新刻畫神經迴路與認知慣性，那就更難了。從東方的智慧、中華的智慧來講這是可以做到的，只是它需要時間和過程，非常費力。所以，父母務必要幫孩子營造一個良好的出生環境。

第三章
哺乳期有母親陪伴奠定幸福人生

孩子出生之後就進入哺乳期。

人一生的 EQ、智商，長大後的身心健康、自信與安全感，

基本上就在胎兒期與哺乳期這兩個階段奠定。

在哺乳期，媽媽遵守這四個原則，就能培育出身心健康的孩子：

原則 1：無縫陪伴。

原則 2：積極關注。

原則 3：及時滿足。

原則 4：懷抱餵乳。

「哭聲免疫法」真的對孩子好嗎？

現在有很多中國父母效法西方的教育方式，希望培養孩子的獨立精神與能力。尤其是針對小月齡嬰兒的「哭聲免疫法」，在海內外的華人圈特別流行。

什麼是「哭聲免疫法」？這是行為主義學派創始人約翰・華生（John B.Watson）在1928年提出的育嬰方式，強調：當孩子哭的時候，刻意不要去抱他。

華生認為，哭是不好的行為。當嬰兒哭的時候，大人去抱他，這就意味大人鼓勵嬰兒哭泣。以後，這孩子沒事就哭。哭聲免疫法，就是要矯正嬰兒哭泣的行為模式。當嬰兒哭的時候，父母為了不強化嬰兒的哭泣行為，就故意不理睬，放任嬰兒自己在那邊哭。等到嬰兒哭累了，哭到絕望了，自然也就不哭了。然後，在嬰兒停止哭泣的時候，父母才去擁抱，獎勵他不哭的行為。

華生還主張，新生兒從醫院回到家裡就要分床，跟母親分開，才能培養獨立。如果嬰兒一開

始跟母親在一起，他就會依戀母親。如果強化這種行為，孩子以後會愈來愈依賴母親，長大以後就離不開媽媽。

華生自己也按照上述方式訓練三個子女。他的孩子長大後成為醫生、律師與軍人了；但是，大兒子自殺，小兒子終生流浪，女兒婚姻不幸。套用行為主義訓練出來的孩子，即使長大之後再優秀，那又怎樣？這樣的人內心都有著巨大的創傷啊。

行為主義這套育兒觀在上世紀前葉一度風靡美國及全球，但後來大家發現它有問題，因此在六、七十年代式微。但是，目前在中國還有很多媽媽仍奉行這一套。

無縫陪伴是哺乳期最重要的教養原則

無縫陪伴對哺乳期嬰兒是最重要的。所謂的「無縫」是什麼？意指親子在整個哺乳期「彼此不離」、「隨時」都在一起。

這點對現代人來說很難做到。大部分媽媽都

有工作，甚至相當忙碌。但從育嬰的角度來看，當母親的若想帶出身心健康又開心的孩子，就得在孩子與事業之間做出抉擇。

無縫陪伴，對嬰兒的成長實在是太重要了！上個章節提過，為了給孩子最好的銘刻，母親在生下嬰兒之後的24小時都要陪在嬰兒身邊。

嬰兒不離母親的狀態，會一直持續到哺乳期結束。人類的哺乳期長約九到十個月，過了那個時間點就得斷奶。斷奶意味嬰兒正式脫離母親並開始向外探索、認識這個世界。嬰兒在斷奶之前，由於生理因素必須要有母乳而離不開母親，心理上也跟母親完全相連。所以，這時候不管什麼原因，母親都不可以離開嬰兒，這是母親的義務，也是母親的職責。

想要做一位合格的母親、想要對得起你的孩子，就要做到無縫陪伴。而且，這點是其他人都無法取代的。不管是孩子的外婆、奶奶或爸爸，全都代替不了親生母親。只有媽媽才能在哺乳期隨時和嬰兒在一起，做到無縫連接。

你或許會質疑這樣做，對嗎？歐美的爸媽養

兒育女強調獨立。孩子一出生就自己睡在單獨的小床。長大後，孩子就更獨立了。但你有沒有看到西方人的親情是多麼地淡薄？他們這套倫理不講究血脈親情相連，而是用宗教來聯繫。歐美社會那種對父母、對兄弟姐妹的獨立，從華人的角度來看，就叫做人情淡薄、不講親情。所以，我們盲目地向歐美學習，導致那些生於80年代、90年代以及千禧世代的年輕人，人情愈來愈淡薄，跟父母關係愈來愈薄弱，兄弟姐妹基本上也不怎麼聯絡。傳統的華人社會可不是這樣子的！華人最講究親情、血脈。為什麼現在變調了？這跟西式養兒、育兒的觀念有著直接關係。

對嬰兒來講，最重要的是母親的愛護與陪伴。當然，孩子一定要讓他獨立，但要分階段：什麼階段必須無縫陪伴，什麼階段開始嘗試分離，什麼階段必須分離，這都有科學依據。

現在有很多育兒資料支持上述觀點。國外的幼兒研究機構大量觀察兩歲嬰孩的身心狀態，發現那些最健康、快樂、各項指標都最優秀的，是非洲媽媽帶的孩子；兩歲以後才是歐美媽媽帶的

孩子。也就是說，先進國家媽媽帶的孩子，要到三歲以後才開始超越非洲落後國家的孩子。

為什麼非洲孩子在兩歲前的哺乳期幸福指數最高、健康指數最高、開心指數最高？非洲媽媽和歐美媽媽帶孩子的方式有什麼區別？

基本上，非洲媽媽不必外出就業，在家裡生兒育女就是媽媽的工作。而歐美的母親幾乎都是職業婦女，有工作壓力。非洲的嬰幼兒不像先進國家的同齡孩子會有自己的小床、獨立房間以及各種玩具。那麼，非洲媽媽在資源匱乏的環境如何帶孩子？很簡單，她成天抱著寶寶，讓孩子在自己身上爬來爬去或在懷裡滾來滾去，母子倆天天形影不離。

反觀華人，媽媽照顧孩子的模式通常是：看

父母教養便利貼：

對剛出生的嬰兒來講，周圍環境是最重要的。所以媽媽不僅要自己關注好孩子，也必須要求周圍的人給孩子一個良好的空間，這就是教育。

一眼確認孩子沒事了，就回頭繼續看電視節目。非洲媽媽則是抱著孩子往陰涼處一坐，任孩子在身上爬來爬去或在自己身邊跑跑跳跳……歐美或中國的母親能做到這點嗎？現代社會的環境讓媽媽們很難親自帶孩子。頂多在下班後抱一下，跟孩子玩一會，沒多久就又要出門工作了。孩子在嬰幼兒與孩童時期，若不是請保姆，就是讓奶奶或外婆之類的家人帶。但大多數家庭還是聘保姆來帶孩子，因為媽媽（包括外婆與奶奶）全都忙著工作。

你想當個鐵猴媽媽？還是布猴媽媽？

從心理學的角度來看無縫陪伴，就不能不提到一個很重要的心理學實驗：美國動物心理學家哈佛（Harry Harlow）在1958年進行的恆河猴實驗。

哈佛在一個大籠子裡放了兩隻假猴。一隻用生鐵絲製成，外表很硬，但它在乳房的位置有個管子會流出奶水。哈佛在籠裡另一個角落又擺了一隻假猴，這只沒有奶水，但它外表包覆著柔軟

布料。接著，就把剛出生的猴寶寶放入籠子裡。

　　動物的各種本能行為都是為了生存。媽媽能提供食物（母乳），所以嬰兒離不開媽媽。哈佛這個實驗就在研究猴寶寶究竟是不是因為要吃母奶的本能才需要母猴，所以設定了冷硬的鐵猴可以提供奶水，柔軟的布猴無法提供食物但可以提供安撫。

　　哈佛進行了大量實驗，結果發現：剛出生的猴寶寶會整天依偎在柔軟的布猴旁邊或趴在布猴身上。只有在餓到不行的時候才跑到鐵猴那裡喝奶。一喝完奶又跑回布猴那裡，偎著它睡覺或在它身上玩。

　　這個實驗後來升級了，哈佛把剛出生的猴寶寶分成兩批，放在不同的籠子裡。第一組猴寶寶被分配到的是帶奶水的鐵猴，另一組就分配到觸感柔軟的布猴。由於布猴並不提供奶水，所以，當猴寶寶餓了就會由實驗人員餵奶。

　　經過一段時間發現，這兩組猴寶寶的差異非常大。布猴這組的寶寶，健康、活潑，充滿自信與安全感。鐵猴的這批則是目光呆滯（眼神不靈

活代表EQ低），動輒畏懼，不能適應外界環境（後兩者都是沒自信的表現）。

當猴寶寶長到哺乳期快結束時，哈佛又將實驗升級了：在這兩個籠子裡放入猴寶寶從沒見過且看起來很可怕的物品。比如，把假的大蜘蛛扔到籠裡，猴寶寶本能上就會害怕，動物學家就觀察猴寶寶在害怕之後的後續反應。

布猴這組的猴寶寶看見扔進來的大蜘蛛，第一時間就藏到布猴後面並緊緊抱著布猴。然後，猴寶寶會偷偷觀察大蜘蛛；過一段時間，就慢慢接近大蜘蛛並嘗試碰觸，看看有沒有危險。很快地，猴寶寶發現大蜘蛛並沒有危險，整個就放鬆了，並開始跟大蜘蛛玩。

至於鐵猴這邊的猴寶寶，一看到被扔進來的大蜘蛛就開始害怕地尖叫。這個籠子裡的猴寶寶接下來出現兩種行為模式。第一種行為模式是，猴寶寶既不會跑到鐵猴那裡求保護，也不敢去碰觸蜘蛛，只是一臉惶恐地蜷縮在角落裡。第二種則是猴寶寶一開始也會害怕地尖叫，但牠會突然之間就變得非常兇暴地過去毆打蜘蛛。

鐵猴這組的猴寶寶長大之後都有很嚴重的心理問題：恐懼、抑鬱、寧可獨坐也不願跟其他猴子交流、不能適應環境。這樣的猴子如果放入新環境裡就會不知所措，一直處於恐懼狀態。而布猴那組的猴寶寶就很能適應環境，充滿了自信，善於交流，特別地活潑。

　　猴子和人的基因非常接近，相似度高達百分之九十九。在恆河猴這個出名的心理學實驗裡，布猴與鐵猴各自代表兩種媽媽。第一種媽媽會陪伴、溫柔地呵護寶寶；另一種媽媽則是冷漠無情，只知道給孩子吃。

　　回到人的身上，嬰兒的需求並不僅是吃飽喝足跟睡好而已。現在有很多媽媽認為嬰兒什麼都不懂，加上自己工作忙，就讓自己的媽媽或婆婆來照顧寶寶。「這樣子，我就能保住工作了！孩子又不是給保姆帶，而是給自家人照顧，所以我

父母教養便利貼：

人類的情感基礎、對世界的認知，還有智商、EQ、自信，這些全都是媽媽給予孩子的。

很放心。」殊不知，這就是鐵猴媽媽的做法！

　　我們從恆河猴的實驗可以理解到，猴寶寶跟僅能滿足生理需求的鐵猴無法建立情感。鐵猴媽媽只是餵飽猴寶寶，解決猴寶寶的生存問題，卻限制了猴寶寶內心對安全感、歸屬感，自信心、智商與EQ的形成。反觀布猴媽媽，就能滿足猴寶寶的深層心理的需求。

　　食物，僅僅是最低層次的基本需求。作為一個人，必須要滿足精神上的需求才能要健康成長。孩子被父母滿足了安全感、歸屬感等深層需求，他的智商、EQ、自信、安全感、歸屬感、適應能力、與他人溝通的能力、接受新事物的能力，都會變得強大得多。所以，在孩子的哺乳期階段，媽媽第一個要做到的就是無縫陪伴，給孩子溫暖的懷抱，並且隨時交流、提供撫慰。

哺乳期教養學重點，就在於親子交流

　　孩子出生了，要從什麼時候開始對他進行教育？教育絕不是從識字讀書才開始的。既然人出

自本能會有銘印現象，我們就知道，子女的教育應該提早到胎兒期與嬰兒期。

胎兒源於父母的結合，父母結合也就是兩大家族的基因結合。父族、母族的基因決定了子女的先天基因，也就是所謂的遺傳因子。所以，對下一代的教育，其實要追溯到父母雙方的家庭。

一個世代都是土匪、海盜的家族，因為遺傳的關係，下一代也會帶有土匪、海盜的基因。如果這家族世世代代都是書香門第，孩子的基因也會帶有讀書人的特性，這是先天的基因帶來的影響。

後天，就是環境對孩子的影響。要記住，3歲以前的環境對孩子的影響遠遠大於7歲以後對他的教育或社會教育。

胎兒期的教育，分成胎外的環境與胎內的環境。胎內的環境是什麼？就是媽媽的情緒、壓力、飲食、作息時間等等。這些內部環境的要素，決定胎兒的感受與認知。

至於外因，6個月以後的胎兒就能夠感知母體之外的環境。這時候，外界的環境會影響到胎兒

的心理。出生後的外在環境更加重要！尤其是出生後很快就形成的銘印現象會影響終生。

印記愈早形成，對人的影響就愈重要。什麼是愈早的印記？嬰兒出生之後感知的環境，會直接影響他對世界的認知與長大後的行為方式。如果這孩子生在書香門第，家中長輩都是老師，父母都熱愛閱讀，他在醫院出生後回到家裡看到的都是書，聽到的都是父母和家人在探討哲學、神學、音樂與文學。嬰孩雖不能講話，但他其實都在聽著、看著。如果孩子這時候聽到的都是美妙音樂，斯文的言談，這世界的最初印象就刻畫在這嬰兒的腦海，形成神經迴路。這孩子長大以後，很自然地就會喜歡書、喜歡音樂，說話輕聲細語又有韻律。言傳身教，這才是真正的教化！真正的教育，就從銘印現象這個時候開始。

父母教養便利貼：

如果媽媽忽略跟孩子的交流，鎮日沉迷於追劇，孩子也會跟著看劇。追劇是學不了語言的。

反觀現在的新生兒，回到家面對的都是怎樣的環境呢？當父母從醫院把孩子抱回家，通常會把孩子放在嬰兒床。一般家庭的大人都喜歡在客廳看電視，父母擔心嬰兒放在房間裡會不便照料，就改放在客廳，大人邊看電視邊逗嬰兒或看著他睡覺。結果，嬰兒每天就聽著電視的聲音、看著電視的畫面。你說，這樣的孩子形成了怎樣的銘刻？最常見的問題就是：到了兩、三歲還不太會說話。

媽媽沉迷電視，孩子會出現種種問題

嬰兒是怎麼學會說話的？如何在嬰兒學語言的關鍵期形成完善而流暢的刺激機制？很簡單，就是和媽媽交流。

媽媽要不停地跟嬰兒對話。一開始嬰兒還不會說，但是他會看著媽媽的口形，一點一點地模仿，再一點一點地學會發音。這是嬰孩形成語言能力非常重要且最直接的方式。當然，爸爸跟嬰兒的言語交流，也同樣有助於孩子建構語言能力。但是，對哺乳期的嬰孩來說，媽媽絕對是任

何人都無法替代的！

如果媽媽不盡職，每天都在忙著追劇，很少跟孩子交流，就會對孩子造成以下的負面影響。

首先，會促成孩子的不良行為模式。

孩子在哺乳期最需要的，是媽媽無時無刻的陪伴、撫摸與溝通交流。如果媽媽把目光轉向電視，一盯幾個小時，嬰兒會有種被生生冷落、不被關注的感覺。這時，嬰兒會用吵鬧、哭泣、踢打、翻身掉出沙發或床下等方式來吸引媽媽注意。如果媽媽不理解孩子為何會這樣，還繼續維持錯誤的教養方式，孩子這種行為就會變成慣性、形成銘印；長大後，這種行為模式就很難改了。在嬰幼兒階段被母親漠視的孩子，會為了求關注而擅長作戲，但又因為得不到父母關注而暗自怨恨。這種扭曲的心態與行為模式，從嬰幼兒階段就開始了。

還有，許多孩子到了兩、三歲還不會說話。

現今社會不容易，但在古代或早年農業社會就沒這種問題！那時候沒有三C家電，媽媽沒有韓劇、抖音可以追，因此整天跟寶寶說話。這樣

帶出來的孩子都很健康、開心。反觀現今，社會愈進步、發達，孩子的心理問題反而愈多。為什麼？回溯這些人的父母當初怎麼帶孩子的，就會發現媽媽為了看電視，讓孩子從嬰兒時期就在欠缺交流、冷漠的環境裡成長。

媽媽沉迷看電視、忽略跟嬰兒交流，第一個問題就是孩子到兩、三歲依舊說話能力很弱，第二個，孩子會專注力不足。

我們常說要訓練孩子的專注力。但，如果等孩子長大，過了專注的敏感期，這孩子已經成形了，還能訓練什麼專注力？

專注的敏感期是什麼時候？就是哺乳期的前三、四個月。嬰兒從出生到三、四個月大的時候，就是培育他專注力的黃金時期。

專注與否，跟腦神經的迴路是否密集有關。腦神經的迴路愈多，皮層褶皺就愈多，褶皺愈多就愈專注。如果嬰兒錯過這個敏感琪，他的腦神經連接就少，皮層褶皺也少，你想讓這樣的孩子專注起來，他也沒有那個生理基礎，再訓練也沒用！只有在關鍵期的時候進行訓練，掌管專注力

的那一區大腦皮層才會開始快速地增加褶皺。

　　大量實驗證明嬰孩只關注媽媽，而且嬰孩也最重視媽媽是否關注自己。只有孩子跟媽媽在交流、互動的時候，孩子專注力最強，他的腦神經才會非常快速、密集地連接。如果換成爸爸或外婆等親友，效果都不如媽媽。在三、四個月大的時候密切跟媽媽交流、互動的孩子，長大後專注力就強。

　　所以，過了這個階段才發現孩子專注力不足，再訓練也沒有意義了。有時候家長聽到這個結論以後特別後悔：「我那時候要上班，沒辦法！只能把孩子交給外婆／交給婆婆。現在該怎麼辦？」究竟是上班重要還是孩子重要，你自己選擇。孩子在胎兒期的時候離不開母親，哺乳期的時候更離不開母親，一切的EQ、智商，一切的自信、自律、專注，都是母親給的，這是非常殘酷的真相。

　　如果在嬰兒四個月大之前，母親成天看電視，很少跟孩子互動，這會導致他的專注力薄弱。這樣的嬰兒也會有眼睛無神的表現。哺乳期

的孩子在跟媽媽互動的過程中，媽媽的眼光會跟孩子交流。這時候的孩子雖然不會說話，但是他的眼睛、他的表情也在練習。孩子的表情在跟媽媽互動的時候最豐富了，因為這時孩子很開心、很放鬆。

　　嬰兒的專注力也會隨著跟媽媽的互動，日漸地加強。而且，專注程度會跟嬰兒喜歡媽媽的程度成正比。大腦的皮層、神經的連接，大腦區域的刺激就這麼建立起來了。

　　如果這個時候媽媽不關注嬰兒，不跟他互動，嬰兒的眼神就會變得煩亂，他大腦裡的皮層不會產生那麼多褶皺，也不會有那麼多的腦神經迴路。這樣的嬰兒長大後，你再教他表現出高EQ的言行，那是辦不到的事！因為他錯過這個階段、沒有打下生理基礎；再怎麼要求，他都沒法

父母教養便利貼：

嬰兒的專注力也會隨著跟媽媽的互動，日漸地加強。而且，專注程度會跟嬰兒喜歡媽媽的程度成正比。

辦得到。所以，媽媽在帶孩子的過程裡扮演的角色實在是太重要了，沒有人能代

　　媽媽沉迷看電視對孩子的第三個負面影響就是無理取鬧。

　　孩子為什麼會變成這樣？因為正常行為已經無法喚起媽媽的關愛，他會覺得：「媽媽不愛我，媽媽愛看電視劇，媽媽只愛電視。」有的孩子甚至使出假哭、自虐之類的反常行為來吸引媽媽的目光。

　　反常行為同時也是對媽媽的一種報復。會這樣做的嬰幼兒，長大後有可能發展成反社會人格。他用各種反社會行為來吸引大家關注，內心深處卻又仇恨所有人。從小就被媽媽漠視而心有怨恨，但又覺得恨媽媽是不對的，因此將怨恨的情感投射出去，轉變成恨社會。

　　為什麼現在有那麼多心理扭曲的人，虐殺或惡作劇，做出一些害人又虐己的行為？回溯這些人的童年、嬰幼兒時期，你就知道這些行為的根源了。

　　他從小就經常看電視，並且被電視廣告吸

引。這些廣告靠著誇張、炫彩的視覺跟聽覺來吸引大家。孩子就受這個影響！他長大後，言行舉止也是誇張的，獨立能力也比較差，甚至有自閉症之類的問題。這都是有連帶關係的，不是嗎？

媽媽是偉大的，媽媽是天使。但同時媽媽也是魔鬼。孩子是什麼？孩子就是一張空白的紙。究竟要把他變成菩薩還是魔鬼，那是媽媽的事。爸爸一聽到這兒心裡就安了：「你看，跟我沒關係哦。我多好啊，孩子有問題都是媽媽的責任。」爸爸可不能這樣想。後面的教養才是爸爸發揮作用的時候；胎兒期、哺乳期則由媽媽主導。這時候，媽媽不僅是懷著這個孩子，媽媽還要給孩子最基本的健康。人一生身心健康的基礎，其實都是媽媽給予的。所以，媽媽的偉大，怎麼誇都不為過，這就是母親。

經常看電視的孩子，長大以後會很喜歡並且很早就能操作機械性的東西。但是，他對人不感興趣，甚至EQ很低。有些遊戲天才在虛擬世界表現非常優秀。但在現實生活中卻是人格異常，無法順暢地跟其他人接觸、往來。

媽媽經常看電視導致孩子不願跟外界交流的問題，還有「假自閉症」。

　　「自閉症」是先天的病。但現今的臨床自閉症個案卻有95％都是「假自閉症」，這些孩子都是後天環境導致他不願與外界交流。

　　「假自閉症」是能治的，只是難度很高。因為幼時形成的腦神經迴路已經根深蒂固了。想轉變這樣的迴路，改變孩子對世界的認知與感受，可不容易！

　　如果孩子有自閉症，對母親來講會有多痛苦？媽媽必須天天帶孩子去看病。每當我問自閉症孩子的媽媽：「在他小時候，你是怎麼帶的？」「跟孩子有沒有分離過？」「有沒有關注過孩子？」「你把他生下來了，養得怎麼樣？」我這樣一問，好多母親就受不了。「這怎麼是我的原

父母教養便利貼：

跟媽媽互動愈多的嬰兒，長大以後EQ也愈高。他兩、三月大的時候就能逗媽媽開心。媽媽的表情一笑一怒，他也跟著變花樣來因應。這樣的嬰兒長大以後，也會有各種靈活的表情面對各種人，這就是EQ的基礎。

因？這不是我的問題。」孩子出問題了，父母最擔心責任甚至病因都落在自己身上。如果你害怕自己承擔不起，那就得及早學會當個好父母。

行為主義流派帶來的制約及操作都不利育兒觀點

為什麼現實中有的人心理承受能力極強，經歷各種磨難，人家還能保持樂觀？但有的人就心理承受能力極差？

其實不是承受能力的關係，而是帶著原始的創傷。當我們給成年人進行治療的時候，往往發現他心裡有著各種痛苦，而這些痛苦多半是在他童年時就有的創傷。這讓我們知道，所有成年人的身心問題，基本上都能找到童年創傷的影子。通過這些心理學的實驗，我們能得出這樣的結論。

為何會這樣呢？多半是父母太依賴西方養兒的觀點，特別是行為主義流派。我先前有提到華生的「哭聲免疫法」，其實他是根據俄羅斯的心理學家及醫師巴甫洛夫（Ivan Petrovich

Pavlov）對狗研究而推出的「古典制約」假設。

巴甫洛夫做的實驗就是：一搖鈴，狗就聽見，然後餵牠吃食物。如此反覆刺激，然後觀察狗對鈴聲及身體的反應。之後，就只搖鈴卻不給狗吃東西，這時會發現，狗依然會分泌唾液，這表示狗的腦子裡已被鈴聲制約：「只要一聽到鈴聲就代表要吃東西了」，建立起一種刺激與反應。

以前的心理學家都認為：人和動物的區別就在於本能。比如，當動物見到食物的時候會分泌唾液，胃腸蠕動，身體會有各種反應，這叫做「本能」；沒見到食物，就不會有這樣的行為。但巴甫洛夫的實驗卻打破這個觀念，讓「本能」可經由人為來控制。於是，這成為行為主義心理學流派的開端，進而影響華生的「小艾伯特實驗」。

小艾伯特實驗，就是華生將古典制約的現象，成功地重現在人類嬰兒身上。這項實驗對於被實驗的小艾伯特造成了永久性傷害，因此受到很多人的譴責。本來才三個月大的小艾伯特是不

會害怕小白鼠的，但經由每天與巨大聲響配對的實驗，連續三個月後，小艾伯特只要一看到小白鼠就會哇哇大哭，甚至連其他像是小兔子、小狗、小貓之類有毛的物品，小艾伯特也會出現相同的大哭反應。後來，小艾伯特的媽媽看情況不對，要求中止實驗，但基本上，這孩子之後一輩子都得在這種恐懼中，他已經形成一個恐懼症。

不過，這項研究也深刻改變了心理學的流派，行為學派因此奠立了百年基業，甚至影響到後面的納粹時代以及這些獨裁統治者。納粹時期的獨裁者掌控人民的一套理論基礎，就是認為人和動物都是一樣的，人的情緒可經由後天強化而來。包括人的恐懼、行為、思想、觀念，也都要透過恐懼來被掌控。而且，這些獨裁者不認為人具有個性，反而強調人就是機器，要按照嚴格的統一標準及獎賞來訓練。

這一套觀念又反映在教育：大人也可以把孩子當成機器一樣地去訓練、塑造、矯正。而且，還不允許人有自由意志。要打消人的價值觀，要滅掉他的個性，成為社會上認為有用的人。換句

話說，這個社會需要什麼樣人，我就能訓練出什麼樣人。這就是行為主義流派的理論基礎。

華生就是美國行為主義流派的創始人，他甚至做過美國心理學會的主席。行為主義心理學流派在20世紀初的時候，因為華生的大力推進而大行國際，甚至取代了佛洛依德的精神分析法。

這股風潮延伸到後面，行為學派心理學家史金納（B. F. Skinner）又進行了一個著名的「大白鼠壓桿實驗」：史金納設計了一個專用的Skinner Box，揭示了人和動物具有共性。

史金納做了一個箱子，把老鼠放到箱子裡，箱子裡頭有根桿子。當老鼠在這個箱子裡時，剛開始會跑來跑去，然後在無意之間壓到桿子；桿子一被壓下去，就會掉出一個食物當成獎勵讓老鼠吃。試了幾次，老鼠發現這個規律真是太好了，因此就會有意識地去壓桿子、吃食物，於是產生了「操作行為主義」——只要給予獎勵，就可以強化行為。

之後，史金納又改變策略，用固定時間及隨機的方式來獎勵老鼠，觀察其行為。前者是設

定每隔多久就會掉下食物。老鼠發現這個規律之後，就不會再去壓桿子，而是會待在哪裡等候食物掉下來。後者則是：老鼠撥弄了老半天，食物也不掉下來，但有時候一撥弄就會突然就掉一個出來；這時，老鼠會變得更興奮，然後一整天就在那裡撥弄桿子。這說明了，隨機更能引發最強烈的反應。

　　這個實驗若要測試人類反應，最明顯的就是吃角子老虎機的隨機設計：把錢放在吃角子老虎機的機台裡，然後去拉桿。若是出現「777」，就會有一堆錢掉出來。但「777」的出現是隨機的，並不是固定的，所以，人可能撥弄了1000次也沒有出現一次「777」。但有時候則有可能會賺，也可能賠更多，所以都是靠機運，也是賭博。於是，我們就可以看到，當愈是隨機的狀態，人類的欲望就會愈強烈。

　　這就是行為主義流派。雖說人和動物沒有區別，但只要經過強化，就能把每個人都變成賭徒，厲害不厲害？但這一套若運用在教育，卻容易出現反效果。例如，對孩子的獎賞就是父母們

最常遇到教養的情況與迷思。如果說，家長規定孩子考100分就給他獎賞，這像不像老鼠碰著了桿子就會掉食物一樣。試想，當老鼠吃飽的那一天，牠還會碰嗎？或是說，當家長把獎賞換成別的，或是孩子的動機消失了，這個機制也就會失效。也就是說，孩子考100分或第一名，父母就給獎賞，到最後就會發現孩子的物質慾望是沒有止境的，一旦你給的獎賞滿足不了他，他就沒有動力了，甚至會產生「我憑啥給你考100分？我幹什麼要拿第一名？」的疑惑。

　　所以，行為主義流派這套育兒觀念在六十、七十年代時，國際上已經漸漸被削弱了，只是在中國還在荼毒一些父母親與孩子，十分可惜。

　　或許你會問：行為主義流派從六十、七十年代至今，都已經過了六、七十年了，國際上還

父母教養便利貼：

對孩子的獎賞就是信奉行為學派的父母們最常遇到教養的情況與迷思。要小心使用！

有沒有出現一套合理的且被接受或認可的科學育兒理論體系呢？事實上，到目前為止，育兒學上仍是一大空白，大家都在努力地尋找，努力地實驗，目前圖書館或書店的育兒學專書雖然多如牛毛，內容卻全是互相矛盾，各說各話。所以，當媽媽懷孕了，想去看一些育兒學的書，就會發現有的專家這麼說，有的專家那麼說，看起來都很有道理，但就是沒法構成統一的國際標準，實在難以遵循。這導致許多父母在帶孩子時都瞎帶、亂帶，不知道怎麼帶。

孩子健康正常的成長，必須滿足心理深層的需求

回到之前提到父母「倒底是要當鐵猴媽媽，還是布猴媽媽」的問題。雖然鐵猴媽媽能提供猴寶寶奶水，但沒有感情回饋；只是餵飽了，它解決了生存問題，但是所有的心理那種深層的需求──安全的需求、歸屬的需求，自信的需求、智商EQ的形成其實都受到巨大的影響。因此猴寶寶和鐵猴媽媽之間就建立不了情感，沒有安全感。相較之下，布猴媽媽就能滿足猴子一切的深

層次的需求。

　　所以，一個人如果要健康、正常地成長，就一定要滿足他在精神上的需求，深層次的安全歸屬感的需求。在這種狀態下，孩子的智商、EQ、自信、安全、歸屬、適應能力、與其他人溝通的能力、接受新事物的能力，都會要強大許多。這就是無縫陪伴，給孩子溫暖懷抱，撫慰孩子的重要性所在。

父母教養便利貼：

如果要孩子健康、正常地成長，就一定要滿足他在精神上的需求，深層次的安全歸屬感的需求。在這種狀態下，孩子的智商、EQ、自信、安全、歸屬、適應能力、與其他人溝通的能力、接受新事物的能力，都會要強大許多。

76

第四章
用西方科學解讀中華民族教養原則

中國俗語：「三歲看大、七歲看老」，

從西方腦神經學的角度，

證實人腦大部分區域在三歲前就已經定型。

在現代化社會，父母重新重視中華民族承襲千年

遵守自然規律的養兒育兒方式，

為孩子找回最自然、最本能、最原始的潛能！

天地人一以貫之的東方教育哲學

　　我們現在什麼都向西方學習，包括生兒、養兒、育兒也如此。因為教養學受到這些現代科學理論的影響，所以，在講教養學的時候也要提及西方科學。

　　西方科學界至今還沒有推出生兒、養兒、育兒的整套體系，只是從心理學、腦神經科學、營養學等單一學科出發再強化論點，各種專家主張應該要這樣生兒、應該要這樣養兒、應該要這樣育兒，不同派別之間的論點甚至相反。

　　中華文化則講究整體，天地人一以貫之。《易經》指出：人應該順應天道，順應地之規。所謂的天道與地規，都是指宇宙、大自然。

　　佛洛伊德於19世紀末提出的精神分析理論，認為人的心理運轉不僅存在於表面意識，還有「稱為潛意識」這套潛在的運行機制；潛意識才是真正的主宰，表面意識只是執行者。當年的這項論點，在西方世界來講是非常偉大的創見，佛洛伊德因此被列為20世紀初的偉人。

其實，中國在距今三、四千年的上古時期早就對意識與潛意識有了整套的成熟體系，只是後來失傳。老子很早就指出道和器的關係：道是器的主宰、器是道的本質；道是器的淵源、緣起，器是道的投射。在2500年前的《周易‧繫辭上》也說得非常清楚：「形而上者謂之道，形而下者謂之器。」什麼是道？什麼叫做形而上？什麼叫做形而下？用現在的語言來翻譯，形而上就是潛意識，形而下就是表面的意識與現實。

也就是說，中國老祖宗們在三、四千年前對意識與潛意識就擁有完熟的理論體系，中國人不僅認知到這點，還能徹底掌握這方面的知識來改天換地。反觀西方世界，佛洛伊德是19世紀末、20世紀初的人，歐美到了19世紀末、20世紀初對這方面的概念尚未發展健全。

父母教養便利貼：

先天的我、後天的我，融合成現實的我。先天的基因、後天的環境，都是影響心理與行為的背景因素。人出生之後就進入了幼兒階段。愈早期的幼兒經歷，對一生的影響就愈大。

第四章　用西方科學解讀中華民族教養原則

先天的我、後天的我，融合成現實的我。先天的基因、後天的環境，都是影響心理與行為的背景因素。人出生之後就進入了幼兒階段。愈早期的幼兒經歷，對一生的影響就愈大。因此，為人父母者，如果搞不清楚人的身心、行為到底受什麼控制？由什麼主導？養育孩子的方向就會錯誤。本章就在探討東西方對於生兒、養兒、育兒的方法，各有什麼樣的主張與利弊。

影響育兒方法的西方 3 大心理學派

　　西方關於生兒、養兒、育兒的理論，基本上全跟心理學有著直接關係。以下介紹國際上主流的三大心理學派，它們對育兒來講非常重要。因為現在施行的教育學都來自西方的理論與觀點，包括怎麼育兒，都離不開這三大心理學流派：精神分析理論（Psychoanalysis）、行為主義（Behaviorism）、人本主義（Humanistic）。我們在教育下一代的時候，也必須了解這些學派的論點。

人的心理發展是由什麼決定的呢？是由幼時經歷決定的。19世紀末、20世紀初的佛洛伊德提出了精神分析理論，其中的遺傳與性格構造這兩個基本原則，各自代表了先天與後天環境對人一生的影響。遺傳是先天的。性格構造是指幼時經歷與長大之後的經歷，屬於後天環境。而精神分析理論最重視的是幼時經歷，認為它能改變先天秉性，影響力遠超過後天環境。

不過，佛洛伊德的精神分析理論只針對成年人的神經症、精神衰弱等心理疾病，研究與治療的方法既繁瑣又歷時漫長，而且整個過程都無法測量與驗證。再加上佛洛伊德總是用「性」來解釋一切，這項主張至今仍為人詬病，因此在20世紀初，心理學界出現了華生等人開創的行為主義流派。

在1960年代以前，行為主義（Behaviorism）廣泛影響歐美父母養兒育女的觀念。奉行行為主義的人認為，用這套理論來培訓孩子，孩子會因為機械式學習（Rote Learning）、聽從命令的習慣全都可按照大人要求去改變，所以，他們長

大後就會按照你想要他從事的職業去發展。

　　但是，行為主義完全不考慮個體的情緒、自由意志與身心健康，而是用一種類似訓練動物的方式來訓練人，這就出現了一批身心有嚴重缺陷、心靈受創的「機器人」。

　　精神分析認為，人的一切行為都是受到內心深處的性本能和攻擊本能左右，並非因為受到外界環境的刺激才出現的。行為主義則主張人的一切行為全都是受外界刺激所致。外界刺激分成獎勵與懲罰這兩種，我們可透過獎勵與懲罰來強化或削弱行為。比如，父母師長想讓孩子做出某種行為，就獎勵孩子去做出某種行為，這稱為「強化」。如果，我覺得這行為不好、不希望孩子做出這行為，就懲罰孩子，以「弱化」他做這種行為的傾向。上一章提到的「哭聲免疫法」就是這個道理。

　　精神分析與行為主義在1960年代之前，

先後引領心理學潮流約半世紀之久。這兩個學派，一個貶低人的價值、一個漠視人的自由意志。人畢竟不同於動物，也不是機器；所以，心理學界後來又出現一個由美國心理學家羅傑斯（C.R.Rogers）主導的人本主義。顧名思義，這個流派主張要把人當做「人」來對待。

人本主義（Humanistic）提出來的論點就介於精神分析與行為主義之間。主要論點有：以人為中心、人是有自由意志的、人要為自己的行為負責任；還有，行為既不是被潛意識控制的、欲望也不是由性或攻擊本能來控制的，行為更不是只透過環境刺激就造成的，我的行為我自己就能控制！人本主義強調：人要為自己的行為負責，一切都是自己在做決定。所以這個學派強調的是人的意識。

其實，人本主義的創立者並沒有制定基本原則，上述提到的幾個論點都是之後被其他人歸納得出的，並非開創人本主義的那批學者所提出。當時他們唯一的標準就是強調「人的責任」。什麼是人的責任？也就是人的自由意志。

此外，人本主義還特別重視「此時此地」。這是什麼意思呢？精神分析主張，內心世界與幼時經歷決定了欲望。而欲望就是性本能和攻擊本能。性本能如果被正常運作，心理就是正常的。一旦性被壓抑，心理就會扭曲。如果欲望被正常釋放或運用，心理與行為也都會正常。但如果性本能或攻擊本能在孩童時期被壓抑，也就是欲望被扭曲了，那麼長大後的情緒、認知、行為與決策也都會受影響。總之，精神分析探討的是過去、是童年，它不講究此時此地。

行為主義則講究未來的成果，也就是說，我現在刺激你，就是期待你準備在將來做出什麼行為。舉職場裡業務主管如何讓屬下拼命創造業績為例，就可說明行為主義到底是個什麼樣的機制了——業務部門的主管對新進下屬，透過獎懲來進行強化。如果下屬的業績有點成績就表揚，就給予獎勵，這就強化了他創造業績的正向行為。如果下屬懶惰，業績不好，主管就口頭批評、謾罵，甚至給出懲罰、扣薪水、扣獎金。透過這種方式，即使是一個沒有上進心的、業績不佳、動

力不強的人，經過幾年不斷地強化，也會變成虎狼之師。主管就像訓練動物一樣地培訓新人，過了三年以後，這個人就會奔著業績拼命，自然就會拿出好業績了。主管給予下屬的種種刺激或激勵，都是為了下屬以後能拿到好業績。正因為行為主義看的是未來，所以不講究當下。

相較之下，人本主義強調當下的感受、強調此時此地，主張「你做的決定要尊重你自己當下的感覺」。所以人本主義強調：人在發揮自由意志、實現自我價值的過程中能獲得什麼樣的成長。人本主義尊重個體，尊重對方作為一個人，特別重視對方當下的感受，經常採取傾聽、積極關注、共情這幾種方法。

父母教養便利貼：

人本主義尊重個體，尊重對方作為一個人，特別重視對方當下的感受，經常採取傾聽、積極關注、共情這幾種方法。

關於佛洛依德的精神分析流派

　　佛洛依德（Freud）創立的精神分析心理學流派，起源於一位名叫安娜的病人。安娜因為有歇斯底里症失控，還有各種精神類疾病，所以一直沒有辦法治癒，因此佛洛依德帶她到巴黎找一位研究催眠的醫生——約瑟夫‧布洛伊爾（Josef Breuer）。他們使用一套源自歐洲北部某個原始部落薩滿儀式（Shaman）的催眠系統，而安娜透過這套催眠方式及「談話治療」（talking care）獲得不錯的治療效果。佛洛伊德因此發現，原來人的運行機制，不僅僅是表面意識上的運行，還有一套叫「潛意識」的潛在運行機制，而且潛意識才是人的一切行動、一切行為的意識主宰；也就是說，潛意識是主宰，意識是執行者。他發現這個關係，在當時西方

世界來講意義十分重要，更是重大發現。所以佛洛依德被列為20世紀初的偉人，甚至影響心理治療及育兒領域方面。

　　首先瞭解一下什麼是精神分析。從心理學來講，精神分析的第一個觀點就是我們每個人的性格構造，除了先天的遺傳基因，心理發展會由後天環境的幼時經歷、長大以後的經歷來構築。也就是說，透過先天的我和後天的我的融合，形成一個現實中的我。佛洛伊德更重視幼時的經歷，因為它能改變先天的我帶來的秉性、性格。

　　另外，佛洛依德強調第二個觀點就是：人類的行為、經歷和認知，絕大部分是由非理性的欲望所決定的。

　　這是什麼意思呢？佛洛依德認為，我們做的每一件事、說的話、各個決策、決定，我們自己以為是出自理性的分析判

斷，其實不然！你在做出這些分析、判斷、決策之前，你內心深處已經有了決定，只是自己為這個決策找理由而已。而這個決策到底是由什麼來決定、主宰的？就是非理性的欲望，欲望是本能，就是內心深處真正想要的決定，後面才有理性的邏輯式的推理、分析、判斷、然後做決策。所以，從精神分析的角度來講，決策者的內心潛意識已做了決定，意識就負責說服自己、說服外界，然後去執行。其實，本質就是由欲望來決定一切。

　　佛洛依德第三個觀點就是：欲望即然這麼重要，那我怎麼去改變欲望呢？以及是從什麼欲望來做出決策的呢？其實，欲望是無意識的，所以找不到它。

　　佛洛依德第四個觀點是：既然欲望是無意識的，那我們能不能把欲望用什麼方法給它展現出來？其實，這涉及到有一種叫「

心理防衛機制」。也就是說，當我們要把無意識的欲望變成意識的時候，會引發心理防衛機制的運作，這就叫「心理抵抗」。通俗地講，就是不面對、逃避的行為。要把無意識的欲望給展示出來，也不是那麼簡單，會有個心理鬥爭的程，這個過程就叫「心理治療」。因此，心理醫師的治療手法，就是展示深層的心理動機，或者欲望的過程中要對抗的各種心理防禦機制。只要能成功地對抗這些心理抵抗，或是繞過心理防禦機制，將欲望表達出來，現實中的行為、經歷及認知就會改變。這個就是精神分析所強調的治療行為。

佛洛依德第五個觀點是：由於這種潛意識抑制了無意識的欲望，就會產生內心深處與現實中的矛盾、不和諧的情況，進而導致心理疾病或精神衰弱，也就是所謂的「心腦不合一」，人也因此產生痛苦。但就中

華文明來講，只要達到「天人合一」的效果，這個情況就會解決。所以，佛洛依德的精神分析，其實也有點接近中國的思想體系。

佛洛依德第六個觀點是：被壓抑的所謂的潛意識或無意識的欲望，其實是有方法可以釋放出來的。也就是能被患者意識到，便是它的一個療法。前面不是講過，佛洛伊德到法國用催眠來治療安娜、治療別人嗎？不過，到了後期，安娜的歇斯底里症仍時好時壞，所以佛洛伊德放棄了催眠療法，另外發明一套「自由聯想」，把深層的欲望給它喚醒，讓意識解讀，進而讓患者意識到這一點。

從腦神經學來解讀教養幼兒的要訣

西方科學除了心理學，還有解剖學、胚胎學、腦神經科學、營養學等學科也會涉及人的成

長。我們就來談談腦神經科學幾個與養育幼兒有關的重要觀念。

　　哺乳期孩子的成長關鍵到底是什麼？如何帶好哺乳期的孩子？所謂的養育養育，先養後育。想要教養好哺乳期的孩子，得先知道孩子在這個階段的成長規律。若把身體成長的規律當硬體來看，那麼，怎麼教育就是軟體了。後天教育能否成功，孩子能否順暢地接受這種教育，必須建立在硬體比較完美的前提之下。如果硬體有缺陷，後天再怎麼教也沒有用。

　　要知道，對剛出生的孩子來講，最重要的部位就是大腦！大腦是人的主宰，一切行為舉止與生理變化都由大腦指揮。其他諸如EQ、智商、自信等情感層面，也都受到大腦影響。所以，一個人成功與否，就取決於大腦的狀態。

　　哺乳期的育兒重點就是：掌握大腦的成長規律。只有根據這個規律來制定整套的教養、養育計畫才不會出錯。

身體各器官的成長，都是由小變大、由弱變強，一點點地長大。手、腳、五臟六腑，都是這樣一個循序漸進的過程。唯獨大腦不一樣。腦裡面的細胞有神經元，樹突和軸突。一開始人還只是個胚胎的時候，神經前端只是很簡單的膨大，像個小囊似地鼓起；然後這個前端會不斷地生長並且開始有了複雜的區域連接，腦細胞就在這個範圍內開始長成神經元。神經元會移動到一個定點，接著就向外生長分枝、分杈，長出樹突及軸突。

當懷胎十月，孩子即將出生的時候，腦細胞的神經元在數量上達到顛峰。據研究指出，新生嬰兒的大腦至少有高達1000億個神經元。但是，光是有神經元也起不了作用，神經元與神經元之間必須建立連接的神經迴路，大腦才能指揮人的身心。

大腦的發展並不是逐漸成長的，而是一下子就達到最大程度。然後，腦裡面每個區域也不斷地變化。經常使用就會愈來愈強化，不用的區域則會愈來愈退化。

所謂的愈用愈好用，也就是指神經元的連

接愈多，它形成的網絡就愈密集、刻劃的迴路就愈深，神經元與神經元之間交換電流（資訊）的速度就愈快。我們的情感、行為舉止都靠神經元之間的電流交換。至於沒有建立神經元連接的區域，就永遠都不會被使用了。

中國有句俗話說：「三歲看大、七歲看老」。從腦神經科學的角度來講，這句話絕對是有它的道理。

到了三歲的時候，基本上，腦神經已經完成大部分的連接了。三歲到七歲又完成了後面的那部分的強化。所以，到了七歲，這個人也就定型了。

大腦裡面大部分區域在三歲前就已經建立神經迴路、形成神經網絡了；這些神經迴路在三歲到七歲之間會不斷地強化。大約到七歲的時候，

父母教養便利貼：

哺乳期的育兒重點就是：掌握大腦的成長規律。只有根據這個規律來制定整套的教養、養育計畫才不會出錯。

神經迴路基本就已固定。一旦神經迴路固定，大腦這輩子也就不會再有重大變化了。也就是說，人在七歲左右的時候，不管是行為模式、思維、情感模式、對世界的認知，還有視覺、聽覺等感受，以及智商、EQ的高低，動作是否協調、眼睛是否會說話……，全都已經固定了。

七歲以後，整個腦神經的連接就不會有變化。腦神經連結密集的區域，神經網絡就是這麼密集了。網絡稀疏的大腦區域，它的神經連接就是那麼稀疏了，不會等長大以後又重新將稀疏的連接發展得特別密集，或是把從沒有連接過的地方再重新連接……，這都不可能！這就是大腦成長的規律。

錯過成長關鍵期，就再也無法補救

整個大腦發育的過程和人體其它器官正好相反！它是一下子在出生的時候就全部長成。在出生之後的發育關鍵期（敏感期），腦神經使用愈多，連接的就愈多，被使用的效率就越高。不用

的，就被淘汰。

　　嬰兒剛出生的時候，大腦的重量大概只有350克左右，等到三歲的時候，大腦的重量就達到1000克左右。等到了七八歲的時候，增長為1280克左右。到了12歲的時候，大腦重量已經接很近成人的了，大概是1400克左右。成人大腦的平均容量也就是1400克左右。這一連串數據代表什麼意思？

　　就重量這個角度來推估，大腦在我們七歲之前，很迅速地成長、發育；到了七歲左右就差不多定型了。之後長大成人至終極一生，大腦都沒有什麼太重大的發育。

　　嬰兒時期正是大腦神經元建立連接的關鍵時候。腦到了七歲左右的時候就已發育成熟。之後幾乎就不會再成長了。

　　所以，當孩子到了七歲，我們只能在原有基礎之上透過後天學習，讓腦神經連結達到一定程度的修剪或強化。但是，想要重新連接則是不可能的。新生嬰兒的大腦至少有1000億個神經元，這就是一個人的生理基礎、物理基礎。我們的

EQ、智商、情感及一切言行舉止等表現，都由神經元之間的連接（神經迴路）是否密集來決定。比如，我們的語言能力、舞蹈能力、音樂能力、溝通能力、邏輯能力及我們的各種一切，都是由神經元為基礎的神經迴路來決定的。所以，三歲之前的教養實在是太重要了。

　　總體來說，孩子的成長關鍵期介於三歲至七歲的時候，大約在七歲左右就全部結束了。所以，七歲定型之後，使環境再怎樣刺激，都只能微改。西方的腦神經學、胚胎學、解剖學等都已證明中國這句俗語「三歲看大，七歲看老」是正確的。

無縫陪伴符合天人合一的中華傳統

　　老祖宗那一套養兒、育兒的方法也都是順應自然。一切都按天道去運行，上符合天運行之道、大自然的規律，下要符合人類社會客觀世界的回饋，這叫「上順天、下應地」。中華先祖們知道，人不能違背自然規律，要順著它來。這就是東西方的不同。

因此，我運用大量的西方實驗資料與結果，並非說從中學到了什麼，而是想用西方科學來驗證中華民族代代先祖符合自然發展規律來生養、教育孩子的傳統，也就是所謂的「天人合一」。

　　天人合一，如何應用在生兒育女方面？首先，從懷孕到出生都符合自然的規律，餵養也都採用天然的母乳。我提出「無縫陪伴」的教養原則，也遵守了「天地陰陽之歸」的這個規律。所謂的天地陰陽之歸，意指：男屬乾（陽），陽主動、陽主外，所以男人負責在外面狩獵、養家糊口；女人屬坤（陰），坤德是指女性要敬主、包容，所以女人在家安住、生養並教育下一代。從「天地陰陽之歸」的規律來看，生養的責任就落在母親身上。

　　先前講到教養哺乳期的孩子有幾項原則，第一個就是無縫陪伴。有人問：「恆河猴實驗裡，動物行為學家用鐵猴跟布猴來代替真的猴子媽媽；那麼，在養育人的嬰兒時，為何外婆就不能代替母親？家裡的奶奶、女傭、奶媽，還有爸爸，都不行嗎？」

其實，恆河猴實驗探討的並不是親子關係，而是母親觸感對新生兒的影響。若要驗證嬰幼兒與嬤嬤之間親子關係的，我們得談談西方另一個心理學實驗：研究媽媽或他人接觸對出生數個月的嬰兒會帶來怎樣的身心影響。

實驗團隊找來很多嬰兒，從出生才一、兩個月到四、五個月的都有，觀察他們的心電圖、腦波圖和血壓的變化。

研究團隊先測嬰兒的視覺。其實，新生兒的眼睛大概只能看到距離20公分左右的東西，再遠就看不清，再近也看不清。讓媽媽離20公分左右的距離看這個嬰兒。孩子一看到是媽媽，不管是血壓也好、心跳也好，腦波圖、心電圖都顯示這嬰兒開始處於亢奮狀態，身體馬上動起來，欣喜地手舞足蹈，整個身體都在變化。

不過，如果換成猴子玩偶的話，嬰兒沒有變化；放一張狗臉的照片，嬰兒沒有變化。之後放外婆、奶奶的大頭照，嬰兒也都沒有變化。最令人期待的是，如果放爸爸的大頭照會怎樣呢？

沒想到，放爸爸的臉也沒有變化。就不要說陌生人了。哺乳期的嬰兒視覺還未發展完全，他只是看到了媽媽朦朦朧朧的影子，整個就高興起來。其他人不管是爸爸或是狗，在嬰兒眼中都是相同的。嬰兒認的是身體感受，所以一看到自己的媽媽就興奮、開心。

接著測試聲音的反應。媽媽在旁邊一叫，孩子的心電圖、腦波圖就開始活躍。但是，當爸爸叫的時候沒動靜，奶奶叫沒用，外婆叫也沒用。這是人的一種本能。之後又進行嗅覺、味覺的實驗。嬰兒一聞到媽媽的味道，立刻就變得興奮、開心。聞別人的都不會這樣。至於觸覺的實驗，嬰兒被自己媽媽抱著的時候，就特別地安心、特別地開心。別人抱都沒這種效果。

嬰兒基於本能，會對自己的媽媽有著強烈反應。這個心理學實驗得出一個結論：沒有任何人能替代媽媽的角色。當然了，如果這個孩子一直給外婆帶，日積月累之後，嬰兒對外婆的感情就會變得比較深厚，甚至超過母子親情，那又另當

別論了。

　　同樣是父母，為什麼我只要求媽媽進行無縫陪伴，卻不提爸爸呢？這項主張可從這項事實獲得佐證。瑞典、瑞士等國的女權主義特別盛行。女權主義者認為，生養孩子也得講究男女平等。女性必須承擔10月懷胎與分娩的痛苦，這是因為先天生理結構男女有別，所以不得已；那麼，孩子生下來之後，如果養育之責仍要由女性負擔，那就太不公平了。瑞典這個國家很支持女權主義，因此就公布法令，要求爸爸負責撫養哺乳期的寶寶。

　　後來發現這樣子可不行。原來，被爸爸帶大的孩子有很多都出現冷漠、抑鬱、神經衰弱，恐懼、焦慮等心理問題。政府沒辦法，女性主義者

父母教養便利貼：

中華文心十分強調「無縫陪伴」的教養原則，其實也遵守了「天地陰陽之歸」的這個規律。

也不敢堅持，這才取消了這項法令。

　　從實驗與事實來看，如果爸爸想代替媽媽來撫育嬰幼兒，可不是那麼簡單的！所以，當媽媽的人就得盡到媽媽的責任，爸爸也有養家的責任，各盡其職才是正確的做法。

哺乳期的孩子，只能由媽媽親自餵養

　　中國社會和西方社會不同。西方社會覺得男女應該完全平等。中華民族則講究人與自然要和諧，人要符合自然發展規律，人的成長是符合人自身發展規律的……。華人講究整體，不會針對個體提要求，個體也不能離開整體。這個整體也包含了宇宙、自然。

　　西方提出了很多學派。之後有人研究這些學派對養兒的影響，結果一出來，我們才明白為什麼當時那批爸爸媽媽帶出來的孩子會有問題。以哺乳期這塊來講，現在有很多媽媽不知道這個道理，就由娘家媽媽或自家婆婆帶孩子，甚至聘請保姆。在哺乳期改由其他人帶的孩子，長大之後會不會有心理問題？這點很值得注意。

那些沒給親生母親帶的孩子，長大後有很高機率罹患各種心理疾病。心理疾病並非隨時都會發作，但如果在現實生活出現壓力生活事件（註）且正好觸發到內心創傷，那就發作了。

　　也許，有些人一輩子都不會遇到壓力生活事件，因此就正常地活下去。但大部分人都會碰到各種壓力。比如，青少年在校學習壓力大，有人就因此抑鬱甚至自殺。談戀愛的時候，有些人一旦與戀人分離就會爆發分離恐懼症，甚至自殺……這些罹患恐懼症、分離症、抑鬱症、焦慮症、偏執狂，或是有變態、反社會行為等心理異常的人，童年必定有創傷！

　　所謂的童年，這個時間範圍可以很精確地縮小到三歲前，甚至再準確一點地說就是哺乳期之前！幼年時代遺留的心靈創傷被隱藏起來，成了一生的不定時炸彈。

註：壓力生活事件（stressful life events），是那些出現在生活中迫使人改變、適應性的事情，例如搬家、換工作、失業、生離死別等，嚴重的甚至會引起自殺。

為什麼有些人心理承受能力極強，即使經歷各種磨難還能保持樂觀，但有的人就心理承受能力很差。關鍵其實並不在於承受能力，而是因為心裡是否帶著原始的創傷。我在治療成年人的時候，就發現幾乎所有會感覺痛苦的患者，童年時代都有心靈創傷。所以，成人身心方面的問題，基本上都是童年心理創傷的影子。

所以，母親的無縫陪伴對嬰兒來說很重要。而且，所謂的陪伴並不是說母親只要待在嬰兒旁邊就好了。如果媽媽在嬰兒身邊卻整天追著韓劇或看抖音、玩遊戲，心思很少放在孩子身上，這也不叫做陪伴。真正的陪伴是：媽媽的心隨時都在嬰兒身上，除了用食物餵飽孩子，還要經常抱孩子、撫摸孩子、跟孩子說話、和他眼神交流，這才叫做「無縫陪伴」。

正常來講，哺乳期長約9個月。也許會有人質疑：「這樣做，當媽媽的豈不是在哺乳期這9個月都不用幹別的事了？」沒錯！當孩子還幼小時，陪伴、照顧，並且讓他順利度過哺乳期，這就是媽媽最重要的工作，也是媽媽一生最重要的

工作！

　　養育健康的後代，比什麼都重要！當媽媽的人，若自己事業成功，但孩子身心不健康，甚至出現心理疾病，你還能安心工作嗎？如果到了那時候才開始陪孩子，想要補償他，也來不及了。所以，該陪孩子的時候就好好陪孩子。等孩子奠定健全的心理基礎之後，媽媽回歸工作的時候就好好工作。

順應大自然，就是教養兒女的好方法

　　合格的媽媽，會用最自然、最本能、最原始的方式來育兒，這是有人類到現在，代代都是這樣撫育孩子的。只是近兩百年來，在西方工業革命之後，現代科技進入我們的生活，電燈等發明改造了環境，讓我們的生活更加便利、舒適，婦女也大量就業。

　　人類社會看似朝向更科技、文明的方向發展，但是從另一個角度來講，科技對人的健康也造成了巨大傷害。

現在大部分人都處於亞健康狀態。以前沒有的那麼多的怪病，現在有很多人罹患各種怪病。現代的工作壓力越來越大，我們的心理承受力反而變得越來越弱。現在，處處都有的空調營造了恆溫恆濕的舒適環境，導致我們對自然界的寒暑變化失去了感受。以前每個人都遵守自然的規律，日出而作、日落而息；現在有了電燈，就開始熬夜，每天都晚睡晚起，作息時間不再按照自然規律來進行。

從身心健康的角度來講，「日出而作，日落而息」的作息時間最利於兒童的成長。但是，現在中國人不信老祖宗的東西，認為愚昧、不可取。但是西方科學家提出什麼？他們也說孩子應該要早睡，太陽一落山就睡，對孩子有什麼樣的

父母教養便利貼：

中華民族的老祖宗把生兒、養兒、育兒這整套東西，融入日常生活。從遠古到中古、近古，整套生養育的智慧體系完全符合自然的發展規律。

好處……，西方科學家一拿出實驗結果，中國人就信了。孩子應該早睡，太陽升起就該起床，不能睡懶覺，這是有實驗根據的。

中華民族的老祖宗把生兒、養兒、育兒這整套東西，融入日常生活。從遠古到中古、近古，整套生養育的智慧體系完全符合自然的發展規律。所以中華民族能夠生生不息，即使遇到異族入侵，人口大半被屠殺，很快就能繁衍生息，人口恢復繁盛，這都得利於先聖的智慧。

第五章
嬰幼兒的身心發展與教育
——蒙特梭利的第 1 至第 10 個敏感期

人的各種能力都跟大腦裡的神經迴路有關。

視覺、聽覺、嗅覺、行走、運動、協調、學習、

語言、繪畫、溝通，還有智商與 EQ……等等，

這些能力是否強大？

正常健康與否？

有無缺陷？

成長關鍵就在出生到七歲之間，

也就是蒙特梭利針對零到六歲兒童提出的敏感期。

大腦發育與「敏感期」的關係

別以為世上每個人看到世界都是一樣的，嚐到的味道都一樣的！其實，每個人的視覺、聽覺、嗅覺、味覺、觸覺的能力有高低之別。有人很敏銳，能感受到很多細節，因此活著特別有意思、特別精彩、特別有滋味。有人就活得粗糙，感受不到細節。比如，分不出香臭，酒聞起來都是一個味道……，這就是幼年時期感官沒發育好，導致終生感受不到這世界的多采多姿。

感官能力究竟從何而來？父母給的──甚至可以直接說是母親給的。在孩子出生後，母親怎麼教育、餵養子女的過程起了非常重要的作用。所以，我們要瞭解兒童的敏感期。

大腦發育或在完善各項功能的時候，就叫「敏感期」。大腦在各項能力的發育，是有階段性的。兒童在某個階段，他的智力、秩序、節奏、行走、觀察……，也包含社會規範等方面的發育，這個特定時期就叫「敏感期」。換句話說，兒童的敏感期，也就是在他大腦正在發育的過

程，也就是大腦裡頭掌管身體各項功能、適應社會能力的特定區域的大腦皮層，在每個階段的發育。這包括了腦神經、腦細胞、細胞元，和腦神經連接形成迴路的過程。

大家都知道，有個幼兒教育機構叫做「蒙特梭利」。蒙特梭利（Maria Tecla Artemisia Montessori）是著名的教育家，她在19世紀末年透過對兒童的大量觀察，發現：敏感期的現象，與腦神經、整個人的生理結構與發育規律都是相對應的；於是總結出31個敏感期，並指出各期的時間起迄點，以及注意事項。蒙特梭利這項發現與總結，對人類教育做出了偉大貢獻。

在育兒領域，蒙特梭利這31個敏感期是非常重要的概念。蒙特梭利的研究結果也證明了兒童

父母教養便利貼：

就視覺敏感期的理論來看，媽媽在抱孩子的過程中眼神會交流。媽媽會有各種表情，不管是逗孩子發笑或裝怒，不管親子的互動是有聲有色還是平淡無奇，媽媽的表情在孩子眼中都是他進行視覺練習的最早起點。

的大腦發育過程就是奠定人一生能力的關鍵期。這個結論和我長期臨床試驗所得到的資料和結果吻合，所以這裡採納了「敏感期」的說法。

此外，蒙特梭利提出的31個敏感期，其中有很多都是重合交疊的。也就是說，孩子大腦在同一個時期可能會同時高度發展出好幾種能力。我們透過認識這31個敏感期，就知道在帶孩子的時候該注意什麼，為什麼要注意這些。以下借用蒙特梭利敏感期的順序，分三章來一一介紹。

出生後到七歲前的視覺敏感期

首先要介紹的就是視覺的敏感期，也就是形成視覺的關鍵期。

剛出生的孩子對光就已經非常敏感了。所以，人一出生就已經會看、會觀察這個世界。零到六歲的孩子會不斷地觀察，並藉此培養各項能力。

一開始，嬰兒還看不清楚這個世界，但是他會先觀察媽媽。剛出生的孩子，視神經還未發展

齊全。像是一、兩個月的嬰兒，能看到最清楚的焦聚範圍就是離自己眼睛20公分左右的地方，其化都是模糊的，只能辨別亮、暗，黑、白。爸爸媽媽在寶寶眼中其實只是一團模糊陰影，只能靠氣味、觸覺及聲音來辨認爸爸媽媽。這20公分正好是媽媽抱著孩子，母子兩人眼睛彼此相對著的距離。所以，嬰兒來到這世上的前兩個月，唯一能清楚看到的就是媽媽的臉。媽媽跟孩子在互動過程中的態度、微表情的變化，就是嬰兒觀察這個世界的起點。

為什麼有些孩子長大以後，眼睛會說話？有的則是眼睛呆滯，不善於情感表達？表達情感，不僅通過語言或肢體接觸，更重要的是透過眼神。眼睛會說話，代表EQ高。EQ低的表現就是看不懂別人的臉色、看不出別人現在是什麼情緒，「你咋生氣了？」「我看不出你很開心。」在這方面特別遲鈍的人，通常是在童年的視覺敏感期，尤其是剛出生的前三個月，和媽媽之間互動少的緣故。

媽媽一定要親自帶孩子，並且常跟孩子互動。如果媽媽只負責餵飽孩子，平時把他放到一旁毫不關心。你會發現，三個月內的嬰兒如果和媽媽互動少，眼神就會很呆滯。嬰兒只有在媽媽懷裡跟媽媽互動時，眼神才會靈活。媽媽逗嬰兒的時候，嬰兒表情都很豐富。因為嬰兒也在模仿媽媽，他這個時候只能看見媽媽，所以，視覺的訓練從剛出生就開始了，而前三個月更是重要。

　　先前在第三章曾提過，只有在媽媽抱自己孩子的時候，孩子的表情才會豐富，為何換任何人都不行？因為其他人和孩子之間沒有心靈感應，沒有血濃於水的愛，所以，媽媽的懷抱和保姆的懷抱，奶奶的懷抱，外婆的懷抱是不一樣的，媽媽是無法替代的。

　　不要以為，給保姆帶、給奶奶，誰帶還不都一樣？媽媽親手帶大的孩子，別人親手帶大孩子，你看著都差不多，但我告訴你，細微處的差距可大著呢！為什麼有的人就是容易成功？那些很會眼神交流、EQ高、表情豐富，成功機率比常人大得多。這就是細微處才見真功夫。

寶寶要到了3個月，視力才會大幅增長：開始可以看到各種顏色，視覺距離迅速成長到250-300公分。三個月過後的嬰兒愈看愈遠，他會開始觀察外界。在不斷觀察的過程中，大腦皮層的視覺區開始大量建立腦神經迴路。

　　孩子在三歲之前觀察得愈多，視覺區的腦神經迴路就愈密集，視覺神經網路就覆蓋的愈廣、愈深、愈密。孩子在三歲以前如果善於觀察且能盡情到處看，長大以後觀察力就會非常強，他能看到其他人看不到的很多細節：「這個世界太豐富了！」豐富與否，並不在於這個世界有什麼，而是取決於我們能看到什麼。

　　接下來第六章我會詳細介紹一個幼貓的心理學實驗。當幼貓正處於視覺敏感期的時候不給牠

父母教養便利貼：

記住，只有媽媽抱自己孩子的時候，孩子的表情才會是最豐富的。換任何人都不行！因為其他人和孩子之間沒有心靈感應。

看到複雜圖案，貓長大後就看不到複雜圖案了。人也是如此！從另一個角度來說，當孩子正處於視覺敏感期的時候，你給他看見什麼，他長大了以後才有能力看到什麼。如果你在這個時候只給孩子看些單調的、人為的東西，資訊量很少，他長大以後就有很多東西都視而不見了。

視覺敏感期會一直持續到七歲左右，這整個過程還可細分幾個階段。比如，剛才提到三個月以內的嬰兒只能看得到媽媽，所以媽媽抱著孩子並進行互動，這點就非常重要。這是孩子認識、感知這個世界的起點！同時，媽媽的溫暖懷抱也能給孩子安全感，讓孩子覺得這個世界是安全的。

媽媽如果對孩子用心，孩子就會感受到被愛。被愛的感覺是怎麼來的呢？首先是被關注，沒有關注就沒有愛。關注是愛的基礎。成年人也是如此，光說我愛你，那愛的表示只在於語言嗎？不，怎麼能讓對方感受到你的愛呢？首先，你愛誰就一定會關注誰，關注就是在乎。然後，愛是一種尊重，愛是一種付出，這些都是媽媽給我們的身教。

四到七個月的味覺敏感期

第二個敏感期稱為「味覺敏感期」。基本上是在四到七個月的時候，主要體現在嘴、口腔。這時候的孩子對於嘴裡面嚐到的酸甜苦辣鹹會非常敏感。

四個月以上的小嬰兒常會吸手指、啃指甲、咬被角，什麼東西都往嘴裡送。很多大人受不了，「你看看多髒！」就打他或用些方法制止。比如，孩子喜歡吸手指，我們就把辣椒水或一些苦的東西塗抹在他的手指，讓孩子吃到了覺得噁心、難受、痛苦，就不咬不吸了。

其實，四到七個月的嬰兒會這樣做，因為這是他的味覺敏感期，神經聚焦在口腔。從佛洛德的精神分析來講，這個階段叫口欲期，欲望集中在嘴、口腔、舌頭、牙齒。這個時候，我們要知道這是孩子在這方面的敏感期，必須要充分地讓孩子發育他的口腔，因此，就要允許他去吃、去咬、去吸吮。

正值味覺敏感期的孩子，什麼都喜歡往嘴裡放。自己的手指最方便放進嘴裡了，其次就是

自己用的小棉被。很多家長會擔憂孩子吮手指、咬被角的行為：「老師，這多髒、多不衛生啊。」「你看他現在好喜歡咬手指，如果長大以後還在咬手指的話，怎麼辦呢？」「他咬被角，如果一直咬下去的話，怎麼辦？」請家長注意一個原則：在這個階段，只要安全，就允許孩子去發展他的自由意志。孩子之所以這麼做，必有心理上的需求。我們不能抑制孩子的心理需求，大人不能因為自己針對他的行為進行是非判斷，就認為他是錯的。

用大人的方式來強烈要求孩子，就是行為主義流派的做法。「吃手指這行為是不好的！」不好怎麼辦？懲罰。媽媽覺得一看孩子行為不對，怕養成習慣，就採取抑制的做法，在孩子喜歡咬的手指頭上面抹辣椒水，孩子一咬手指就痛苦，下回再也不敢了。這就是行為主義。

按照行為主義流派的觀點來帶孩子，孩子會很痛苦。行為主義流派，對人的身心會造成極大傷害。這個孩子長大以後，在各個發育過程中都會出現被抑制、被強行制止這種狀態的問題。這

就是孩子在敏感期的發育不健全、有缺陷，而且這種缺陷長大以後也修復不了，所以要注意。

現在有很多學霸型家長特別容易為此焦慮，他不允許孩子按照自然的生長狀態去發展。這類母親看似很有知識、有文化，學了很多知性的東西，但是，她們帶出的孩子往往心理都有嚴重問題。為什麼農村婦、山裡的婦女不管孩子，但她們的孩子一個個都健康呢？在城裡的教授、教師、社會菁英，她們帶出來的孩子怎麼會問題重重？這就是關鍵。山裡的母親沒學那些東西，孩子想幹什麼，她就儘量順著孩子。她不知道什麼是對，什麼是錯，只是順其自然，只是把心用在孩子身上，天天跟孩子玩，這就是人家山裡、農村的母親天天做的，這難道不符合我們說的「自然的發展規律」嗎？反觀城裡的母親，天天不是學精神分析就是學行為主義。行為主義說，孩子如果表現出錯誤行為就要抑制，我們要引導、鼓勵孩子朝向正確方向發展。

過去，行為主義害了多大批的孩子，現在依舊如此。那些長大了還喜歡吃手指、啃指甲或咬

被角的人，一定是在童年的口腔敏感期被制止。這些行為因為被制止、打斷，反而會持續一輩子，形成變態或心理扭曲。如果你讓孩子按照自然的規律去充分發展，等他過了這個階段，自然地就會轉移注意焦點。所以，當父母的根本不需要去焦慮嬰幼兒吃手、咬被角等行為。

味覺敏感期只在四到七個月左右的時候。孩子過了這個階段，自然而然就不會去吸手指，不會亂吃東西了。做父母的在這個階段，在保證安全的情況下，放手讓孩子去品嘗世界。讓他在味覺敏感期的時候，充分透過不同味覺來刺激神經，在大腦建立味覺區的腦神經連結。長大以後，孩子的味覺就會特別靈敏。總之，父母在孩子的味覺敏感期，不要制止他透過嘴、味覺來體驗這個世界，這點很重要！

父母教養便利貼：

味覺敏感期只在四到七個月左右的時候。孩子過了這個階段，自然而然就不會去吸手指，不會亂吃東西了。做父母的在這個階段，在保證安全的情況下，放手讓孩子去品嘗世界。

四到12個月的口腔敏感期

第三個敏感期是「口腔敏感期」。口腔敏感期從四個月持續到12個月（一歲）左右，包含了上述提到的味覺敏感期。

孩子在味覺敏感期的時候，特別喜歡體驗口腔裡的各種味道。四到12個月的口腔敏感期，孩子在這個時候感興趣的不僅是味道，還特別喜歡去品嘗不同的東西。吸手指、咬手指、咬被角之類咬的動作，其實也是在訓練牙齒、舌頭與整個口腔的動作。

我們知道，哺乳期差不多在孩子九個月大左右就結束了。味覺敏感期是在四到七個月的時候，口腔敏感期則在孩子結束哺乳期之後才告結束。

孩子從九月左右開始斷奶，然後逐漸吃固體食物。吃固體食物，不就能讓口腔與牙齒運動嗎？這是很正常的口腔發育過程，所以，爸爸媽媽千萬別太大驚小怪！

六到 12 個月的手臂敏感期

第四個敏感期是「手臂敏感期」，或稱為「肌肉敏感期」，從六個月到12個月為止。發育較早的孩子在六個月左右就開始了，多數嬰兒是在八、九個月大的時候進入這個敏感期。

這個階段的嬰兒喜歡扔東西，拿到什麼就扔什麼。這時，父母應該怎麼做呢？原則就只有一個：絕對不可以制止。

這時候的嬰兒因為視力範圍開始變大，看見的東西變多，因此產生好奇。用手扔東西，這是他探索空間的一種方式。

那麼，就放任孩子亂丟亂扔嗎？還是有些訣竅值得父母注意：先收好重要物品，別讓孩子摸到。如果孩子把手機給扔壞了，那不是孩子的問題，是大人的問題。孩子在這段時期就是喜歡把那些能抓到手的東西往外扔，你不能怪孩子壞，這是他的本性。

大人若從行為主義的觀點來看，就會看孩子處處不順眼。總覺得孩子扔東西是不對的，因而制止這種行為，甚至綁住孩子不讓他動，不動就不能扔東西了。殊不知，大人愈是這樣制止孩子的行為、抑制他的天性，孩子長大後就會心理扭曲，甚至變態。因為，孩子在發育的過程中，他心裡的力量在這時期會集中在這方面，他需要練習扔，他需要透過扔東西來探索空間，這對孩子來講是非常重要的。他長大以後的冒險精神、好奇心、探求與學習的欲望……，所有能力都在這階段養成。如果你現在壓制孩子這些行為，這孩子長大以後就會變得過分地內向、封閉、隔絕，不敢探知外界。

　　行為主義式的媽媽遇到嬰幼兒扔東西，往往會出現這樣的情景：孩子一扔，大人就啪地打孩子，大聲斥責「不許扔！」甚至還有家長會故意把東西放在孩子面前，語出威脅：「你要是敢

扔，我揍你！」如果媽媽這樣地大吼大叫地「訓練孩子」，就會對孩子造成很深且不可逆的心理傷害。

手臂敏感期的重要性不僅在於探知空間，孩子也在建立其他能力。扔東西的時候，整個扔的動作就是全身性的協調動作：腿要用力，腰也要用力，身體要用力，這樣子手臂才揮得起來。整個運動過程就是大腦掌管動作協調的那一區在建立神經迴路的時候。如果這些行為被抑制，孩子今後從心理到生理都會受到很大影響。

所以，這個時候父母在保證孩子和物品安全的前提下，要充分地讓孩子扔。有人會質疑：「那我就看著孩子扔，不必管嗎？」對，不僅不必管，最好還能配合。孩子扔過來，你給他扔回

父母教養便利貼：

光看中國的文明史、文化史、教育史，就能窺探出，愈是中央集權，它一定實行的必是文化專制；愈是中央集權，它走的必是愚民政策。而文化大興一般都是政治自由、政治體制自由的狀態下產生。

去。我非常推薦小型的軟質橡膠球給這階段的大齡嬰兒玩。這種球通常是五顏六色的，在外觀就能吸引孩子喜愛。孩子在扔球過程中會盯著正在飛動或滾動的球。當他盯著球的時候，等於也在練習注意力。孩子通常也會追著球爬或走，這樣就練到整個肢體動作的協調能力。還有，孩子他去追球或是由媽媽幫他把球扔回來，親子之間也有了互動。

　　孩子扔出球，球飛過的範圍，就是他感知這世界的一個界限，他也因此逐步形成自我意識。我們要知道，嬰兒一開始並不知道自己和世界是有分別的。剛出生的嬰兒仍覺得我和世界是一體的，到了這個階段他才開始發展出空間概念，在扔東西的時候，才分得出來我和球是不同的東西。他不斷地往外扔，媽媽再把孩子扔出來的東西扔還給他，這就建立一套自我與外界有所區別的機制：「我是我」「媽媽是你」「東西是它」。媽媽在和嬰兒不斷互動的過程中，孩子藉此分清你我他的概念。

手臂的敏感期有很多可以講，但限於篇章而無法詳細介紹。做媽媽的只要知道，當孩子正值這個敏感期的時候，大人還應該做到這點：為保證孩子的安全，必須讓孩子遠離細小、尖銳、帶刺的硬物。因為這階段同時也是口腔敏感期，孩子拿到什麼都往嘴裡放，上述物品容易被孩子吞進去。此外，貴重物品也不能讓孩子碰到。保證了這些前提，接下來就要充分地和孩子進行互動。

　　孩子剛開始扔東西的時候，別看他才幾個月就以為他啥都不會想。其實，這階段的嬰兒通常會偷偷觀察大人的反應。如果他扔完看到大人瞪他，他馬上就不敢扔了，只會趁大人不注意時偷偷地扔。所以，這個時候大人應該鼓勵他扔東西。當媽媽跟他互扔小球的時候，孩子覺得他的行為被鼓勵、支持了，而且媽媽還跟他互動，孩子會非常開心。這樣的孩子身心都會健康。

你是學習型父母？或順應型父母？

在幼年時期跟媽媽互動少的人，基本上表情會比較呆滯。當別人都笑成一團了，他還不知道大家為啥笑得那麼歡樂。他無法理解開心的事，因為小時候就從沒開心過。這是因為他的家庭教育遇上了嚴厲的學習型父母。

學習型父母愈嚴苛、冷漠，孩子就愈痛苦。學習型父母覺得自己學東西有助於孩子成長，結果學的都是行為主義的那一套。你說，這是害孩子還是為孩子好？

行為主義那套方法經過近100年驗證，現在整個國際上都發現這樣教育孩子是不對的。這一套對動物建立起機械行為是有效的，但也完全沒考慮動物的自然發展規律，更不考慮動物的心理感受和情緒。行為主義

用來訓練動物也許不必考慮這些，但是，用到人身上能不考慮嗎？這就是問題了。

　　為什麼學習型母親不會帶孩子？因為她用錯誤的方式帶孩子，孩子長大後問題就多。反而是順應自然的母親，帶出的孩子就比較正常。但是，散養型母親若不關注、不在乎、不用心在自己的孩子身上，也不是好母親。控制型的學霸母親，散養型的隨便母親是兩個極端，都會帶出不正常的孩子。能夠順著孩子的自然發展規律，不強制、不控制孩子的本能，同時要對孩子用心教養，這才是合格的好母親。

一歲到三歲的動作敏感期

第五個敏感期，我們就叫「大肌肉發育的敏感期」和「小肌肉發育的敏感期」，也是孩子發展平衡能力的階段。孩子這時的小腦高速發育，讓大肌肉、小肌肉的動作敏捷、協調，也被叫做動作敏感期。 大肌肉發展的敏感期大約在一到兩歲，小肌肉發展的敏感期則是一歲半到三歲。

什麼是大肌肉敏感期？什麼是小肌肉敏感期？說白了，就是孩子從學爬到站立行走的這個階段。其實這個敏感期不是從一歲才開始的，因為，幾個月的嬰兒就開始爬行了。六個月大的寶寶開始扔東西的時候，基本上都已經會爬了。爬行、站立及行走，就是全身肌肉在練習如何動作。

大人在這個階段該怎麼做？孩子在這個階段會爬會走，他會用自己的身體去探索空間；在心理上，也就意味著孩子可以離開母親，他開始自己去認知這個世界。

爬行、站立以及行走，對人類來講具有非常重要的代表性意義。人類和動物的區別在於什麼？人直立行走，動物是四肢著地。人因為用兩腳獨立行走，所以解放了雙手，因此可以使用工具。動物就做不到這一點，四蹄著地，牠沒法騰出手來，所以不會使用工具。會不會使用工具，就是人和動物非常重要的區別。

嬰兒爬行、站立及行走的過程，不僅僅建立腦神經的連接，在心理上也具有重大意義。大人在這個時期該注意什麼？還是這句老話：在保證孩子安全的前提下，要讓他獨立的爬行、站立和行走。什麼叫獨立，也就是父母和外人儘量不幫助嬰兒爬行、站立和行動。然後，要允許孩子爬行、站立和行走，不要限制他。

父母教養便利貼：

嬰兒爬行、站立及行走的過程，不僅僅建立腦神經的連接，在心理上也具有重大意義。

一歲半到四歲的觀察敏感期

到了第六個敏感期，孩子會對細小東西很感興趣，這階段也叫做「觀察敏感期」，時間大概是一歲半到四歲。

這個年紀的孩子整天拿著小玩具、小東西不放手，就連個小手絹都能百看不厭，天天在那玩、天天看、天天嚐⋯⋯其實，孩子玩小東西，是他開始觀察事物細節的開端。

這個時候大人要做什麼呢？就是要順著孩子！因為敏感期就是大腦在建立神經連接的重要階段，所以，當孩子出現這些狀態的時候，大人的原則就是「順勢」。允許孩子玩小東西是很重要的，當然，前提是保護好孩子的安全。有時候，孩子看到地面上的一小根頭髮，就跑過去、撿起來放在嘴裡嚐。因為這時候孩子的視力已經能看到愈來愈細微的東西了，他對這些東西感到好奇，所以做了上述的動作。我們要允許孩子去體驗，但前提是要保證孩子的安全。

一歲半到兩歲半的語言敏感期

第七個敏感期，是語言的敏感期，大概是在一歲半到兩歲半左右的年紀。當然，語言敏感期，並不是說就從一歲半展開，到了兩歲半就結束。基本上，語言敏感期從零歲到七歲都一直存在著。

孕婦在懷著寶寶的時候，如果經常跟肚裡的胎兒對話、講故事給他聽，會有利於孩子的語言發育。如果準媽媽總是不理肚子裡的胎兒，或者長期處在周圍沒有聲音的環境，這孩子在胎兒期就欠缺語言刺激，沒能培養這方面的敏感度。

出生之後，環境的影響就更大了！新生兒被媽媽抱著，會一直盯著媽媽的臉。如果，媽媽在跟他互動的時候跟他說話或是講故事，即使寶寶這時候還聽不懂，也能看著媽媽的口型開始學說話。語言能力最早就是透過模仿才學到的。一、兩歲的孩子開始牙牙學語，學語言的前提就是模仿。模仿誰？模仿媽媽。嬰幼兒會觀察媽媽並學習。當媽媽在笑的時候，孩子就模仿她笑；當媽媽在說話的時候，孩子會模仿她口型的變化。先

觀察再模仿，然後才能一點一點地練習用聲帶發音。

狼會嚎，狗會汪汪叫，人天生就能說話？才不是那麼回事，這都是模仿來的，都是練出來的，都是後天環境帶給我們的。如果沒有後天環境來帶動，人就不會說話。如果人從小被狗養大的，就跟狗一樣只會汪汪汪。雖說先天有遺傳，但是後天環境更重要！最後一章講的狼孩故事，就是這樣的實例。

如何在孩子的語言敏感期讓他多多練習講話？要訣就是多和孩子互動。怎麼互動？跟他說話或是講故事給他聽，這就是互動。兩歲半以內的孩子跟媽媽互動愈多，語言能力愈強、溝通能力愈強、表達能力愈強。

父母教養便利貼：

兩歲半以內的孩子跟媽媽互動愈多，語言能力愈強、溝通能力愈強、表達能力愈強。

有些抑鬱型的媽媽，身邊沒有老公，家裡沒有老人，也沒什麼朋友，就一個媽媽帶著孩子；而且這種媽媽只關注自己，不關注別人，也不關注孩子。這樣的孩子長大以後，語言表達能力一定會很差。因為孩子的大腦在語言敏感期，正在構成語言區的腦神經迴路，但因為缺乏刺激，這個神經網絡就有缺失。這樣的孩子長大以後，就沒辦法讓他語言跟表達能力都變強了。為什麼？因為基本硬體建設就沒處理好。

有些東西是很難修復的。七歲以後的學習只能稱為修復，不能改變。所以說，語言敏感期非常重要。

一歲半到三歲的自我意識的敏感期

八個敏感期，是自我意識的敏感期。蒙特梭利認為，孩子大概從一歲半到三歲左右開始發展自我意識，主要的徵兆就是：孩子會咬人、打人、不聽話，開始反抗。

所謂的反抗、不聽話，就是孩子開始會說「不」這個字了。兩歲左右的孩子，媽媽要給他穿

鞋時會說：「不，不要！」還動手推開媽媽。有的孩子甚至還會打人、罵人。很多父母沒法接受孩子開始會說話了，結果一開口就罵人。結果，爸爸衝上去打小孩，媽媽責罵孩子……，父母這樣做就錯了。

要知道，孩子的「不」，是在建立自我意識的基礎之上。也就是說，這時候的孩子已經有了「我」的自我意識。當你跟孩子在一起的時候，孩子知道媽媽是你，而不是你我一體的。他也知道爸爸是他，他現在知道什麼是你我他了。這時孩子開始建立自我意識。

孩子有了自我意識，然後就會怎麼樣？「我有我的想法，不想照你說的去做」，這就是孩子開始建立自我意識的敏感期。所以，孩子的種種不聽話，其實是是好事。媽媽這個時候別傷心：覺得自己辛苦帶孩子帶到兩歲多，沒想到孩子開始叛逆。

三歲左右是第一叛逆期。這時的孩子從緊黏媽媽的模式突然轉變成不要媽媽了。孩子可能會推開媽媽：「你走遠點，不要你！」給他買衣服、鞋子也不穿，甚至還口出惡言：「我不喜歡

133

你」、「我恨你」。

　　媽媽不要傷心，這是孩子在尋找自我意識的一種表現。他只有在說「不」的時候，才能意識到有個「我」、「和別人的界限」，才能進而確定自己是獨一無二的個體。

　　這階段的孩子首先會跟媽媽開始確立界限。所以，這時候的寶寶要反對媽媽，要對媽媽說不。但是媽媽這時候也會訝異發現，孩子對別人都是乖乖聽話。為什麼？因為孩子也害怕反抗別人之後會受到打擊、報復，所以，孩子通常不太敢反抗爸爸。但是，孩子跟媽媽在一起的時候是安全的；孩子再怎麼對媽媽說不、再怎麼違抗媽媽，媽媽都會愛他。所以，孩子第一個反抗的人就是媽媽。

　　那麼，孩子打人、罵人又是怎麼一回事？這是因為孩子有情緒要表達卻又表達不出來，所以就用直接動手、直接罵的激烈形式。為什麼孩子沒法用言語好好地表達？因為，語言的發育要比情緒跟行動的發育來得慢；所以，三歲左右的孩子有情緒想表達的時候，因為嘴巴表達不了，他

134

著急了就直接罵、直接動手打。所以，父母不要擔心兩、三歲的寶寶做出這些行為。

當三歲孩子打人罵人的時候，行為主義媽媽或學霸式父母可受不得，尤其爸爸的脾氣就上來了：「你敢罵人！」「你這麼小就會罵人！」其實，孩子的罵和大人的罵並不是同個概念，他只是想要表達。

這個階段父母該怎麼做呢？

第一個要訣就是：無需對孩子的「不」感到傷心。你的孩子會說不，證明他已經開始有自我意識了。「不」是孩子獨立的一個標誌，他用這對媽媽來宣告他已經要獨立了。如果為人母的因此傷心，孩子就會覺得媽媽因為我傷心了，會形成內疚。這樣的長大以後，就會欠缺跟別人的界限感，不曉得要適度的拒絕別人，這也很麻煩。懂得分清界限、劃分界限是好事。所以，當孩子說不的時候，媽媽要允許。

第二個：當孩子打人或罵人時，父母只需跟孩子說明：「這是不對的」。千萬別因為孩子打人罵人了，大人就非常激動，情緒反應特別強

烈。你愈是這樣，孩子打人或罵人的狀態愈是改變不了，甚至會被強化。為什麼？他一打人或罵人，大人就反應特別強烈，孩子就會覺得自己成功引起大人關注了。雖然這種關注是父母的憤怒與批評，但對孩子來講會覺得是自己成功地吸引父母關注。所以，府母的過度反應反而是在強化孩子的打罵行為。

遇到三歲孩子隨便打罵他人時，父母該怎麼因應呢？首先，要輕聲細語地告訴他：「這是不對的。你不可以罵人，不可以打人。這是不對的。」

同時，還要忽略他這些行為。忽略的意思是什麼？你柔聲細語地糾正他，卻不重視他做出的言行。許多幼童，尤其是男孩子，在三歲左右的時候容易出現罵人髒話、毆打小動物等言行。父母要清楚，有時候孩子罵髒話並不是針對誰來進行侮辱，他只是講出自己聽過、學到的言詞而已。有時候，孩子也可能會虐待小動物。這時，父母就當作沒聽見、沒看見，任他去吧。孩子做個幾次，發現這種行為無法引起父母過度關注，

就會慢慢消退了。

打人罵人，都是孩子表達情緒的方式，也是引起關注的方式。孩子這個時候已經擁有自我意識了，能察覺爸爸媽媽是否關心他。關注就是愛。如果爸媽在這個時候因為工作很忙，對孩子不用心，孩子就會因為父母的漠視而採用這些手段來引起關注。

所以，如果這階段的孩子很喜歡打人罵人，為人父母的就要思考：孩子之所以出現這種行為，到底是因為他的語言表達能力跟不上呢？還是因為他覺得父母對他缺少關注？

如果是第一個原因，父母就沒有必要去批評、責怪孩子，只需告訴他這種行為是不對的。只要孩子語言表達能力提升了，自然就不會做出這種行為。如果是第二種原因，不管是父母對孩

父母教養便利貼：

我們只要知道孩子表現出這種言行是為什麼？要找到原因，就能正確地應對，真的用心去對待你的孩子，真正地關注他，孩子自然就不會有這種行為了。

子缺少關愛，或是夫妻經常吵架、關係惡劣，孩子其實都知道，他就會用各種方法來吸引父母注意。

要找到原因，真的用心去對待你的孩子，真正地關注他，孩子自然就不會有這種行為了。

兩歲半到四歲的社會規範敏感期

第9個敏感期，叫做「社會規範敏感期」。基本上，社會規範是在兩歲半到四歲之間形成的。這個時候，孩子出現的特徵就是交朋友、喜歡群體活動。

為什麼孩子到了三歲就可以上幼稚園呢？因為，這剛好是社會規範敏感期開始的時候。這個年紀的孩子會很喜歡跟其他孩子玩，，

這時，我們就可以開始教化孩子了。有意識的教化，最早就是從這個時候開始的。三歲左右教些什麼呢？教孩子遵守社會規則、生活規範，以及日常的禮節。中華民族的先祖也是從孩子三歲開始施行啟蒙教育。

所謂的啟蒙，從哪裡開始呢？從家庭開始，

也就是家規、禮儀、家教。這個時候，大人會開始要求孩子見著長輩要打招呼。然後教導孩子何謂長幼尊卑，在家裡就得有等級、有秩序，見著爸爸要恭恭敬敬，見著媽媽要親親愛愛。至於禮儀、家規就要求孩子：站有站相、坐有坐相，吃飯的時候要好好坐在自己的位置，食不言、寢不語……，素養從這個時候就開始教了。

一些基本的社會規範也從這個時候開始教導。在古代，三歲左右的孩子開始練習灑掃進退，收拾的自己小玩具，飯前洗手，玩回來也要洗手。還有，見到長輩要有禮節、要主動打招呼，跟家人坐在一起的時候要坐在跟自己身分相應的位置，要尊重哥哥、姐姐；分東西的時候要先從長輩開始，自己是最小的最後一個……這些都是在培養等級規範。

父母教養便利貼：

三歲左右的孩子就可以教導他遵守社會規則、生活規範，以及日常的禮節。中華民族的先祖也是從孩子三歲開始施行啟蒙教育。

現在我們根本不講究這些，最好的都是給最小的，這就不符合中華傳統的教養。如果孩子在社會規範敏感期沒有受到很好的教化，長大以後就會沒規矩，沒家教。在社會規範敏感期，由知書達理的父母教育出來的孩子，和那些由農村父母採取自然散養方式的孩子，開始有差別了。所以，為人父母的在孩子這個時期要注意社會規範，讓孩子知書達理，這些能力與素養在孩子三歲左右的時候正好都是敏感期。

三到四歲的構建空間敏感期

　　第10個敏感期，叫做「構建空間敏感期」。

　　三、四歲的孩子喜歡玩具，尤其是樂高拼搭，孩子往往一坐在那裏玩樂高就好幾個小時。因為，他這個時候就對構建空間特別感興趣。比如說疊積木，疊個小城堡、搭個小火車或小橋之類的，這時候的孩子也特別喜歡小汽車之類的玩具。

　　父母在這個敏感期的時候要怎麼樣做呢？很簡單，順應孩子，多給他買玩具。

別覺得花錢買玩具是浪費！孩子在玩的過程會建立長寬高的空間概念。幾何概念、抽象概念，也都在這個時候開始建立。為什麼？他在搭房子或搭一個東西的時候，腦海裡必須要有圖像、要有抽象的想法，然後他按照腦海裡面呈現的圖像或想像開始搭建。完成搭建以後，孩子還會想想自己完成的作品跟腦袋裡的是不是一樣。所以這個時候讓孩子放手去玩，甚至讓孩子們一起玩樂高、積木，這樣會比較好。

父母教養便利貼：

兒童的敏感期多麼重要！我們一生，後天環境的影響起著至關重要的決定性作用。當然這個結論有個前提：先天沒有缺陷。我們現在講敏感期的這些內容，包括媽媽應該怎麼做，其實都是如何塑造一個更有利孩子發展的後天環境。

142

第六章
幼童的身心發展與教育
——蒙特梭利第 11 至第 20 個敏感期

三、四歲正值多個敏感期交錯堆疊的年紀。

色彩、審美、邏輯、動手作等能力,

在大自然裡都能培養。

四、五歲的孩子開始在意社會性議題:

喜歡追問爸爸媽媽自己是怎麼來的、

喜歡扮家家來模擬爸爸與媽媽的角色……

這年紀的孩子熱衷各式各樣的遊戲,

並且在玩的過程中奠定終生的寶貴能力。

三歲看大、七歲看老，這有科學根據

幾乎所有的敏感期都集中在三、四歲，且同個時間通常會重疊好幾個敏感期。這時候，父母要盡量多帶孩子接觸大自然，讓孩子在大自然裡隨意玩耍。因為，無論是色彩、跑跳還是動手作之類能力，全都能在大自然裡獲得充分的刺激與練習。

不必擔心孩子會覺得無聊，因為他會知道自己想玩什麼。孩子也許會拿片樹葉然後盯上半天也不放手，或是拿根小棍兒蹲在角落看螞蟻看個老半天……你以為孩子在發呆，其實他是在度過色彩方面的敏感期，或是正在度過好幾種能力重疊的敏感期。

身處大自然的孩子，不僅觀察顏色，還會辨識光線明暗，傾聽蟲鳴鳥叫等聲音，感受風，感受雨，感受雪。在大自然，孩子可以學會各式各樣的能力。

三歲，是教養的重要時期，因為所有能力的敏感期都集中在這個年紀。三歲，也是形塑孩子

明白社會規則、生活規範、基本禮儀，以及學會自律的階段。

而且每個敏感期的起迄時間，都僅是概括的，因為每個孩子的身心成長狀態不一樣，有的會早一點，有的可能會晚些。

大腦的發育有階段性。視覺、聽覺、嗅覺、行走運動、動作協調、學習、語言、繪畫、溝通等能力，以及智商、EQ，這些的養成都各有它的關鍵期。當孩子在形成某方面能力的關鍵期，為人父母如果能順應大腦成長的規律，沒去抑制這些能力的發展，將來孩子長大後在這些能力的表現就正常，甚至很強大。如果，父母在孩子要發展這些能力的過程中強行去抑制，就可能造成這方面的缺陷，而且以後永遠都補不回來。

我告訴你一個關於小貓的心理學實驗（註），你就明白了。1970年由科林·布雷克摩爾（Colin Blakemore）和庫珀（Cooper）發表的實驗結果，說明早期視覺經驗對於辨別水平和直立刺激的能力極為重要，甚至有決定性的作用。他們將剛出生的小貓關到籠子裡，不讓它看

到任何東西。每天只有一段時間讓小貓放在有光線的地方，讓他只能看見籠子的橫向柵欄。等貓長大以後再放牠離開籠子，牠就看不見豎向的東西。即使在貓的面前豎立一根棍子，牠也會視若無睹而直接就撞上，因為牠只能看見橫的東西。

這個實驗就是說，在貓形成視力的關鍵期（也叫做敏感期），牠看見什麼、接收到什麼資訊，在牠的大腦皮層裡管理視覺這一區的神經，元以後就只接收這個資訊。所以，在小貓的視覺敏感期不讓牠見到更多東西，小貓的大腦神經就欠缺這方面連接。像是這個實驗裡的小貓，牠睜開眼睛之後看到的就只有橫向的柵欄，所以，小貓長大之後，牠的大腦裡能接收的視覺資訊，就只有橫向的東西。至於豎向的東西，因為大腦裡面沒有這樣連接，所以牠就「看不到」了。

我們以為一出生就有眼睛，所以什麼都能看得見，其實不然。視覺敏感期，就是大腦裡面掌管視覺這個區域正在發育的階段。在視覺敏感期看到什麼，腦神經就會建立能接收這個東西資訊的連結，然後形成視覺的圖像。過了視覺敏感

期，大腦神經對於沒有見過的形狀、顏色就永遠都看不到。

　　幾個人站在同個地方觀看同樣的風景，你以為大家跟你看到的都一樣嗎？其實不然。有的人看到的多，有的人就少。能看到很多細節的人，在他年幼的視覺敏感期，肯定看過不同形狀、色彩的東西，所以就具備視覺方面的敏銳度。試想，如果讓孩子在培養視覺能力的敏感期，大人把他關在屋裡背唐詩，不讓他接觸外界；這孩子平時見的東西少，長大後對世上很多東西就會一輩子都看不見。

　　小貓視覺的實驗就證明了這個道理。人腦每個階段都有它的敏感期。在敏感期的時候，這一區腦神經會開始大量連接，我們就得進行這方

父母教養便利貼：

每個敏感期的起迄時間，都僅是概括的，因為每個孩子的身心成長狀態不一樣，有的會早一點，有的可能會晚些。

面的訓練，讓孩子更多地、更豐富地去連接他的腦神經，形成更密集的腦神經迴路。所以，我們育兒也要從這個角度來思考：在三歲之前的敏感期，要用什麼方式去強化幼兒各方面的能力？好讓孩子能夠形成這一生的硬體，並且培養EQ、智商等不同面向的能力。

接下來，我們將進入蒙特梭利的第11至第20個敏感期，將焦點放在在孩童三歲至七歲的發展。

三歲到四歲的色彩敏感期

第11個敏感期叫「色彩敏感期」，也是三、四歲的時候。這時候，如果父母不讓孩子堆積木、玩拼圖或其他玩具；孩子長大以後，空間概念、幾何概念、想像力都會很差。這個階段人家本來就是在發展這個的，所以你要充分讓孩子發揮，他大腦連接神經的迴路就在建立這些方面的能力。

玩具是三、四歲的孩子最好的學習材料。有人說，鄉下沒有什麼玩具。我告訴你，農村、山裡的玩具更多，屋子外頭全是玩具！幾片樹葉、幾個小棍子就能搭小房子了。城裡的父母買再多玩具，都不如孩子在農村、在山上的大自然裡自動自發地去尋找玩樂、創造玩具等這個能力更強！因為，城裡的玩具再多，都是人為的。人為的資訊量要比大自然的資訊量要少太多了，萬分之一都不及。

所以，當孩子到了三、四歲的時候，最好讓他多多接近大自然，在大自然裡摸爬滾打，感受陽光，感受色彩……什麼都行，就是不要總是在城裡待著！城裡四處聳立高樓大廈，娛樂場所也多，看似文明、乾淨，但這一切都是人為的。人為的資訊量和大自然相比就太渺小了！如果讓三、四歲的孩子多接近大自然，孩子腦裡的神經連接就會在他自己於自然中的玩耍過程，建立起豐富的連接網絡。

　　三、四歲的孩子會對色彩有著明顯的興趣，而且喜歡五顏六色。父母買些彩色筆讓他畫畫，孩子通常會很喜歡。孩子在畫畫的過程中，對色彩會一點一點地從單純地感興趣，轉變成敏銳的感知能力。長大以後，這都是孩子的基礎。

　　藝術離不開色彩，為什麼有些藝術家對色彩就是這麼敏銳？我們怎麼想都想不出還有什麼顏色，結果人家一畫出來，就是五彩繽紛而且看起來特別舒服。運用色彩的能力是從什麼時候開始的？答案就在三、四歲的時候。孩子在色彩敏感期大量接觸不同顏色並實際運用，就決定了這項能力。

　　上面提過，這時候父母可以買些彩色筆讓孩子畫畫、認識色彩。其實，色彩在哪裡有最好

父母教養便利貼：

三、四歲的孩子會對色彩有著明顯的興趣，並在畫畫的過程中，對色彩會一點一點地從單純地感興趣，轉變成敏銳的感知能力。長大以後，這都是孩子的基礎。

的色彩呢？答案還是大自然。在城裡，幫孩子買再多的彩色筆、讓孩子看些大師的畫作、學裡面運用色彩的技法……其實，這樣的學習很貧乏！哪裡的色彩都沒大自然來得豐富。色彩才不只於畫筆那十幾種、二十幾種、三十幾種顏色，大自然裡的色彩千變萬化、五彩繽紛，多到說不盡。所以，要培養孩子的色彩敏銳度，就走向大自然吧！

三歲到四歲的邏輯敏感期

　　第12個敏感期叫做「邏輯敏感期」。三、四歲的孩子成天問父母為什麼。「我從哪來的？」「為什麼小鴨跟小雞打起來了？」「天上為什麼下雨？」他有著無數的為什麼，父母被煩到不行。

　　父母煩歸煩，孩子這些問題不回答還真不行。孩子之所以黏著父母打破沙缸問到底，是因為這個時候孩子要形成邏輯，所以追著你要答案。只是，父母面對孩子千奇百怪的問題，有時

候還真是難以回答。孩子問：「天上為什麼下雨？」你若認真給他講解降雨原理，孩子其實也聽不懂。其實，孩子要的不是一個標準答案，孩子只是好奇心旺盛。這時，父母給用童話式的說法來個比喻或是講個小故事之類的，孩子聽了就滿足了。「為什麼天上下雨？」你回孩子說，天上有一隻龍，這隻龍心地很好，看到地面缺水了，這隻龍就在雲上面往下吐水……

「哪是這麼回事？教壞孩子！」學霸式母親無法接受這樣的做法。其實，你若認認真真告訴他造雨的機制：水蒸氣怎麼上升，雲層裡面帶了多少濕度，然後風一吹，雨點就落下……這樣的解釋，三、四歲的孩子能聽懂嗎？大人自己都得臨時找資料惡補才能懂了，這樣的解釋說給孩子聽，他也聽不懂。這階段的孩子要的不是正確答案，他只是好奇才問你為什麼。

這時候，做父母的千萬不能沒有耐心，也不能自卑。這階段的孩子，提出的問題有很多連大人自己都回答不了，比如：「天上的星星是怎麼來的？」「天上那個圓圓的是什麼？」「月亮是怎麼來的呢？」「為什麼月亮會掛在天上？」孩

子啥都問，好多家長對此很焦慮：「當孩子開始問了以後要怎麼辦？買《10萬個為什麼》講給他聽嗎？」沒有必要特地去買書。因為孩子要的不是標準答案。他問些奇奇怪怪的問題，只要用童話式語言編個故事講給他聽，孩子就會滿足、高興了。

這個敏感期的教養重點就在於：父母別去制止或打斷孩子提問題，父母要跟孩子互動。親子間的一問一答，就是非常好的互動模式。

當然了，這個時候對孩子的認知養成也很重要，家裡可以準備《10萬個為什麼》或百科全書之類的知識性書籍，這能培養孩子的邏輯思維。父母也可以趁機引導孩子的閱讀興趣。比如。當孩子說起天上為什麼下雨，你可以給他講故事，也可以拿著《10萬個為什麼》，在書裡給他找答

父母教養便利貼：

「邏輯敏感期」的教養重點就在於：父母別去制止或打斷孩子提問題，父母要跟孩子互動。親子間的一問一答，就是非常好的互動模式。

案，然後親子一起學習。這樣，孩子他就會覺得所有答案都能從書中來，他就形成一種概念或慣性。「不管我對什麼好奇，書都能給我知識、給我答案。」喜歡看書、對書感興趣，其實也是在這個時候開始建立的。但請記住一點，讓這個階段的孩子接觸大自然還是最重要的！從書本上得到知識是其次。剛才我提過，這個時候是教孩子知識的黃金期，但你可別被這句話給限制住了。千萬別死板板地逼孩子天天在家裡看書、背三字經或唐詩，可千萬不要把重心放在這上頭。

現在有很多父母在孩子三歲的時候就開始教他數學、語文、英語……這對孩子是一種傷害！透過書上內容、適當地給孩子講些知識，確實有必要。但，這階段的教養關鍵就是要讓孩子接近大自然，告訴他一些基本的禮儀、社會規範、生活規矩，基本家教，這些才是最重要的，其他都是次要的。

三歲到四歲的手作敏感期

第13個敏感期，也在三、四歲左右。三四歲

的孩子，開始練習動手作的能力了。比如，剪貼或貼畫，黏東西、剪紙、塗寫畫畫……。為何有些孩子長大以後人家能做工程師？他的動手能力很強，是因為小時候做過手工，所以現在做個模型之類的，很快就能做出來。還有人特別喜歡做些手工，這全都是在這個時候打下基礎。

他也喜歡動手作，喜歡我們就順應、允許，儘量給他創造這些環境。這個時候給孩子的一切，都會深刻影響到他的長大以後的一生。甚至，當父母鼓勵孩子從事某方面的事情，也就是在強化他這方面的能力，從而影響到這孩子長大之後的職業與興趣。所以，千萬不可忽略三到四歲的敏感期。

三歲到四歲的佔有敏感期

第14個敏感期的行為特徵就是：藏有、佔有，這個敏感期基本也是在三到四歲。

前面提到，孩子在三、四歲的時候已經開始構建自我意識的體系。什麼是「我」？什麼是「

你」？孩子已經有了「你我他」的概念，也開始
學會說「不」，尤其喜歡對媽媽說「不」。

　　這個時候的兒童會對物品展現出強烈的佔有
欲、支配欲。尤其是對那些屬於他自己的東西，
佔有欲特別強烈。當孩子覺得他喜歡的東西「
是他的」的時候，只有在這個前提下，孩子才可
能去探索物質背後的含義。當他完全擁有一個物
品的時候，才可能與其他孩童之間形成交換的概
念，這個時候的孩子都覺得這是「我的」，才有
可能用「我的」來換取「你的」，這過程中形成
了「我的」、「你的」、「他的」關於所有權的
概念，這也是自我意識非常重要的內容之一。

　　這時候的孩子也需要獨屬於他自己的獨立空
間或區域，因為孩子已經建立了自我的邊界。

　　當三歲左右的孩子進入這個敏感期，父母就
要注意以下事項：

　　第一、尊重孩子的佔有欲。
　　第二、要提供孩子一個獨立的空間或區域，
這是他心理上需要的。

第三、不要過分強行要求孩子做什麼。

孩子到了這個階段，如果別的小孩索要屬於他的玩具，孩子是不會給的。如果是同齡的孩子，看見別的孩子手裡拿的玩具一定會索要，因為這個時候大家都在構建自我體系。你的孩子就會保護自己的玩具，並且會強調這玩具是「我的」。在這過程中，孩子們很容易撕鬧起來，甚至變成打架。這個時候，大人不要強行剝奪孩子手裡的東西，也不要過分地教育他：「要學會分享」、「不能自私」、「玩具大家一起玩」，這是不對的。

有些家長就焦慮了：「這孩子長大以後會變得多自私？也不知道跟別人分享！」有些家長好面子：「同事的孩子、上司的孩子想要我們的玩具玩一玩，你就跟他一起玩啊，幹嘛這麼執拗？這麼倔？這麼固執？」孩子不幹就是不幹，就是不跟那個想搶他玩具的孩子一起玩，「這個就是我的！」

當同樣是三、四歲的孩子在一起時，因為爭

奪玩具而哭鬧。大人在這個時候不要批評孩子，也不要打罵孩子，更不要強行剝奪孩子的擁有權。這個時候應該要尊重孩子，要跟他講道理。記住，孩子什麼時候才願意跟其他孩子分享自己的東西呢？在「平等、合理地交換」的情況下，他會願意和別的孩子交換玩具的，這就是人際關係的開始。

別的小孩如果想玩他的小汽車？可以！你有什麼好東西？你有糖果嗎？你有這孩子喜歡的東西嗎？你自己有玩具嗎？如果有的話，大家交換。這樣，他就有了「你的」、「我的」的擁有權概念；等到雙方交換東西了，人際關係也就此建立了。

尊重孩子的另外一個表現就是：當孩子擁有自己的空間和區域，父母想進入他的空間和區域，就要獲得孩子同意。千萬不要直接闖入孩子的空間！

人我之間都有一個界限感，孩子長大以後的界限感就是在這個時候形成的。有些成年人欠缺界限感，給人感覺就是沒有分寸、沒大沒小，

連社會規範、基本禮節都不懂。因為每個人都有安全距離，不熟悉的人一跨越安全距離，我們就會覺得彆扭，感覺受到侵犯。但有些人的界限感很差，不懂得拿捏。為什麼界限感很差？就是在他幼年這個敏感期的時候，家裡沒有提供他一個很好的界限；小的時候沒有建立好界限感，長大以後就掌握不住分寸。比如，有的女孩年紀接近少女了，還穿件睡衣或是背心到處跑，也不知道自己的服裝哪裡不恰當。我不是說這個女孩想要怎麼樣，她是真的不知道居家服跟外出服的界限感。

在家裡，當孩子快要三歲的時候，兒子和媽媽、女兒和爸爸之間，也開始出現異性之間的界限，請父母特別注意子女的隱私問題。我們跟異性之間的界限、是否懂得自我保護，都是從這個時候開始的。

父母教養便利貼：

別覺得三歲孩子什麼事兒都得聽父母命令！父母要尊重孩子，這點很重要！因為他已經擁有自我意識了。

三歲到四歲的執拗敏感期

第15個敏感期，稱為「執拗敏感期」。執拗敏感期的時間起迄點大約是在三到四歲。

前面提到了三、四歲孩子會出現佔有、藏有的言行與界限感，其實那個敏感期跟執拗敏感期是重疊的。這個時候的孩子表現出來的言行會挺執拗的。比如，孩子會表現出一副：「你必須按我說的去做」、「你得按照我的想法、我的意圖去辦」。跟第五章介紹一歲半到三歲的自我意識敏感期一樣，孩子也會先挑媽媽來展現這種行為：媽媽得聽我的！如果不聽，我覺得不順就會大哭大鬧大叫給你看。

這種執拗，或是要求別人必須按照他的意願來辦事，其實就是源於孩子的自我意識。由於孩子在剛形成「自我」的時候很難拿捏分寸，因此不會設身處地為別人考慮，只會考慮自己的感受，只在意自己的要求是否被滿足。

其實，孩子在這個時候會開始形成一種秩序感，因為他心中會有一種秩序：「就應該這麼辦

啊，你怎麼不按照我的秩序來呢？」所以你會發現三歲左右的孩子，他一旦訂好什麼，大人就必須得執行。比如說，母子兩人要過馬路，但剛好遇到紅燈了。如果，這時候馬路空蕩蕩，沒有車也沒有人，按照我們華人的邏輯，媽媽就拉著孩子過馬路了。但，如果孩子知道「紅燈過馬路」是不允許的行為，也就是違反他內心那個秩序的行為，當媽媽要拉孩子闖紅燈的時候，孩子就會鬧。

　　三、四歲的孩子經常會出現很堅持某事的情況，這就是執拗期，也叫做「反叛期」。這種表現很正常，並不代表這孩子的性格有多麼倔強。孩子之所以會堅持（執拗），大人就要知道他是在堅持秩序，這是好事兒，這是他自律的開始。

父母教養便利貼：

孩子之所以會堅持（執拗），這是好事兒，這是他自律的開始。他的大腦有前額葉，是掌管自律、自我的所在。所以，這個時候父母不要打壓孩子，要順著他來，要理解他。

他的大腦有前額葉，是掌管自律、自我的所在。這個時候前額葉開始發育。所以，這個時候父母千萬不要打壓孩子，要順著他來，要理解他。

第二，當孩子特別執拗的時候，大人要用巧妙的方法來變通。首先，我們要知道三歲左右的孩子出現這情況是正常的，當他過了這個階段就不會這樣了、孩子自然就會掌握分寸。在執拗期的時候，孩子還無法顧及別人感受。通常，孩子在什麼時候才能顧及別人感受呢？七歲以後，在這之前他是不知道的，所以蒙特梭利稱這個階段為「執拗敏感期」。

三歲半到四歲半的完美敏感期

第16個敏感期，稱為「完美敏感期」，三歲半到四歲半左右。這個時候，孩子做事會追求完美。比如，當孩子端水，如果有一滴水漏出來就不行。衣服上有個小污漬，不行！他會受不了這個微不足道的小缺陷。拿了垃圾必須要分類，這就是完美。

完美和「秩序」也有直接關係。所以我們還是要尊重、理解，順應，不要跟他逆著來，不要打罵、批評、無視他。

對孩子來講，父母即使打他罵他，也還是在關注他。最可怕的是無視，乾脆不理孩子了。無視其實才是最可怕的教養方式。這種冷漠無情，孩子最受不了。這階段最糟糕的交養方式，第一個是無視，其次才是打罵、對孩子強行要求、控制孩子。

做家長要知道在孩子在某階段的反應，然後首先要理解，第二是尊重，第三是順應，這樣就能夠幫助孩子順利地、安全地、健康地度過各個敏感期，也就是各個關鍵期。這個是孩子長大以後身心健康與快樂最根本的階段。

三歲到五歲的詛咒敏感期

第17個敏感期，蒙特梭利稱為「詛咒敏感期」。三歲到五歲的孩子很喜歡罵人，基本都是從三歲開始。

三歲到五歲的孩可能會經常說些粗話、罵人的髒話，甚至打人，這都是孩子建立自我的一種方式。因為罵人的語言有力量，他正在感受這種力量。他有情緒的時候，可能會把情緒轉化成罵人或是打人的這種力量。

當孩子出現罵人、打人的行為時，父母該怎麼辦？這其實沒什麼，家長別把這個看得太重，也別想太多。孩子不會因此長大後就野蠻粗魯，因為，只要孩子過了這個敏感期他就不會這樣。

當孩子罵人、打人的時候，大人馬上就用強烈反應去制止他，這反而會出問題。因為這個時候孩子還沒有識別心，他罵人的動機和大人也不同，孩子的打罵言行並不是惡毒或者對誰的攻擊，他只是一種情緒的表達方式。這時候，大人

父母教養便利貼：

「詛咒敏感期」的孩子出現打罵言行並不是惡毒或者對誰的攻擊，他只是一種情緒的表達方式。這時候，大人最好柔聲地告訴他這個行為不好。要知道只要孩子過了這個敏感期他就不會這樣。

最好柔聲地告訴他這個行為不好。

我們首先要理解孩子，第二個是尊重孩子，第三個則是慢慢轉化。很重要的一個訣竅就是淡化它，不要強化。當孩子罵父母或大人的時候，父母或大人裝做沒聽見。只要沒傷害到別人就行。如果孩子傷害到別人了，我們要柔聲地教育他。如果孩子平時自己在那兒罵，大人不要太在意，並且假裝沒聽見地淡化他這種言行帶來的影響，。因為這個時候孩子的言行並不是他真心要表達的。等這個階段過去了，他自然就不這樣了。

四歲到五歲的邏輯思維敏感期

四、五歲的孩子總纏著父母追問「我從哪來的？」這個階段的孩子對於自己的來處很感興趣。其實，這個階段孩子會問的問題，不僅僅於他自己是怎麼來的，還可能問些這類的問題：雞從哪來呢？先有雞還是蛋？植物是怎麼來的？宇宙是怎麼來的？這個世界是怎麼來的？四、五歲

的孩童，視覺、聽覺差不多都已成熟了，他就想認知宇宙的緣起、萬有引力的緣起。

這些提問說明了四、五歲的孩子已經開始思考物種起源或萬物「本有」之類哲學性問題。不管孩子能否明白，父母在他這個階段可以講些知識性的東西給他聽。比如，買些百科大全、《十萬個為什麼》之類的書籍，因為孩子已經開始好奇了。

哲學思維就是從這個時候開始建立的。如果父母在這個時候經常講些百科全書或《十萬個為什麼》裡面的知識，就可以訓練孩子邏輯分析、推理判斷的能力。

什麼叫做哲學問題？哲學是追求本質的，是在探討事物發展、宇宙發展規律的。孩子在四、五歲的時候已經開始展現對這方面的好奇。如果父母能充分滿足孩子這方面的好奇，比如，經常帶他到科學館，參加科學活動理解生活中的科學常識，這對孩子的成長經歷會有非常好的影響。

四歲半到六歲的人際關係敏感期

第19個敏感期，蒙特梭利稱為「人際關係敏感期」，時間大概是在四歲半到六歲之間。

先前提到，孩子大約在三歲左右就開始有物權的概念，知曉什麼東西是「我的」；到了四歲半的時候，就開始跟小朋友之間有交換行為。

在交換過程中會建立人際關係：喜歡跟誰玩，不喜歡跟誰玩。一開始的時候。孩子會和許多小朋友一起玩，到後面就慢慢發展成只和一、兩個小朋友特別要好。孩子喜歡跟特定一、兩位小朋友玩，這是共性，是正常的。真正的人際關係就從這兒開始。他在處理和小朋友之間的衝突，喜歡或討厭某人之類的人際關係，他的觀念、模式，就是從這個時候開始打下基礎，並在

父母教養便利貼：

所以，父母要注意，天天讓孩子只跟老人接觸是不可以的，別禁止孩子跟其他小朋友接觸，該上幼稚園就要上幼稚園，讓小朋友都在一起，打打鬧鬧哭哭笑笑，這就是建立人際關係的開始。

之後影響一生。

　　家長在這個時候，最好能給孩子講些人際關係應該怎麼相處的事情，這就是溝通之道。這個時候最怕孩子孤獨一個人。四歲半到六歲的孩子正值人際關係敏感期，大人千萬不可讓孩子獨自一人待在家，或是只和爺爺、奶奶或外公、外婆待在家。三歲的孩子一定要進入群體。為什麼三歲的孩子要上幼稚園？因為這個年紀就是孩子建立人際關係的敏感期。孩子需要跟其他小朋友互動，孩子在這個階段應該要有好朋友。所以，父母要注意，天天讓孩子只跟老人接觸是不可以的，別禁止孩子跟其他小朋友接觸，該上幼稚園就要上幼稚園，讓小朋友都在一起，打打鬧鬧哭哭笑笑，這就是建立人際關係的開始。

審美敏感期，五歲到七歲

　　第20個敏感期稱為「審美敏感期」，大概是在五到七歲的時候。

　　五到七歲的孩子，尤其是小女孩，開始注

意自己外表了。比如，女孩子喜歡穿小花裙子，對自己的形象已經有了一些審美標準。有時候，看到五六歲的小女孩喜歡拿媽媽的化妝品往臉上畫，偷偷拿媽媽口紅化妝，打扮自己，看著孩子把自己搞成一張大花臉，父母真是哭笑不得。

這時候，也不要說孩子，大人對孩子首先要理解，然後是尊重。小女生會偷媽媽化妝品學媽媽化妝，是因為她到了審美敏感期。小男孩也有類似過程，孩子們到了這個階段都會開始注重自己的外表，這是正常的。

最後，下一章節就要進入蒙特梭利的第21至第31個敏感期，看看這階段的孩童的身心發展與教育。

父母教養便利貼：

做家長要知道在孩子在某階段的反應，然後首先要理解，第二是尊重，第三是順應，這樣就能夠幫助孩子順利地、安全地、健康地度過各個敏感期，也就是各個關鍵期。這個是孩子長大以後身心健康與快樂最根本的階段。

第七章
孩童的身心發展與教育
——蒙特梭利第 21 至第 31 個敏感期

先天環境固然重要，

後天環境更是透過後天努力來形塑人的黃金時期。

人的大腦從生下來之後就不斷高度發展、奠定各種能力的基礎。

父母若能順應不同能力在不同時間點的成長關鍵期，

就能輕鬆培養出快樂又聰明的孩子，

並且提早預約孩子一生的幸福。

以狼孩子說明育兒敏感期及關鍵期的重要性

敏感期、關鍵期對於育兒是非常重要的。一個人之所以能成為符合社會標準的正常人，是經過先天遺傳和後天環境的塑造。如果只有先天的遺傳基因，卻沒有後天環境塑造，就不可能成為正常人。可以這麼說，我們在後天的環境下，如果不按照敏感期（關鍵期）的規律來教養孩子：該教他說話的時候不教他說話、該讓他行走的時候不帶他行走……你看這個孩子經過後天培訓能不能成為一個正常人？不可能！

這個論點有沒有根據？有。歷史上有不少實例，剛出生的嬰兒因為各種遭遇而被狼、狗、熊或牛撫養長大。這種孩子的成長過程脫離了人類社會，沒有受過語言、直立行走的教育，這樣的孩子長大之後會怎樣呢？我舉個非常知名的狼孩子為例。

在1920年的時候，印度加爾各答南部一個叫米德納波爾的小城，這裡的人發現了森林裡有兩個神秘生物，經常一到晚上就從森林出來，四肢

著地跑著。這兩個生物看起來不像是狼，但後面常跟著三隻大狼。後來，有人打死這三隻大狼，抓住這兩個怪物。一看，原來這是兩個女孩。

發現的時候，大的女孩大概是七、八歲的年紀，小的大概一歲左右。為方便稱呼，人們為大女孩起名字叫「卡馬拉」，小的叫「阿馬拉」。

當地居民知道這怪物是人就很重視，因此帶了兩個女孩回到人群生活。大概過了一年左右，小女孩阿馬拉死了，大女孩卡馬拉又活了大約六、七年，最後也死了。

因為小女孩死的早，我們只提大女孩卡馬拉。

卡馬拉根本無法跟人交流，她不會說人類的語言，只會狼嚎。一到晚上就對著大山長嘯，聲音和狼一樣。卡馬拉也不會直立行走，總是四肢著地。她白天睡覺，晚上出門到處行走，而且動作敏捷如狼。卡馬拉從不吃菜與素食，就只吃肉，而且都是嘶咬生的肉。卡馬拉在人類社會生活六、七年，她是人，人們教她怎麼說話、怎麼走路，到了人的環境裡進行後天培養，希望把她

培養成一個能自理的人。結果失敗了。

　　卡馬拉死的時候已經十五、六歲了，大家教她也有七年左右的時間了，但是，卡馬拉到死之前也只能蹦出幾個簡單的詞，始終學不會人類語言。她就和狼一樣地嚎叫，甚至連腳和手都長得都有點像狼。你教她用腳直立行走，只要稍微快一點，她一定是四肢著地。她的智力也不可能再提高了，數學什麼的根本就不用提。她的整個生活習性在人類社會生活了七年還建立不起來。十五、六歲死的時候，智商也只相當於三、四歲的小孩。普通的狗都能達到三、四歲孩童的智商，基本上，少女卡馬拉也只有動物的智商。

　　這是印度最著名的狼孩，很有代表性。人類歷史上還出現過熊孩、豹孩，以及其他狼孩，下場都一樣。當人們發現這樣的孩子時，他的習性、智力、語言，已經非常接近帶他長大的動物了。即使後來回歸人類社會，也沒法再教化成人。

　　這說明什麼？當我們過了關鍵期，就不可能再去重新連接腦神經了。在腦神經快速建立連接

的敏感期，被什麼動物帶大，腦神經就建立什麼樣的連接，基本上這輩子都固定了。這就是後天環境對人的影響。

雖然有先天遺傳的基因，但是後天環境對我們的影響更重要。尤其是七歲前，後天環境對人的成長會起決定性作用。所以，中華民族的祖先非常注重七歲之前的教育，才會有「三歲看大，七歲看老」這句話。因為，人到七歲就大致定型了，到老都無法有重大改變。你看，我們祖先多麼偉大，中華民族的教育體系就是按照這個來的。

大腦發展規律，是西方近幾十年來才得出的結論。中華民族的祖先在幾千年前就已形成對幼兒的啟蒙教育，並且一直施行到大清。很可惜，我們在近百年已徹底拋下中華民族這套古老的教養學、育兒學，改向西方學習。

我們現在講了這麼多，西方的科學都是碎片的，包括蒙特梭利這套東西也只是碎片。我們把蒙特梭利強調的關鍵期、敏感期這一套研究明白了，就知道其他方面就不是一個整體了。到現

在，整個西方也沒有一整套的育兒、養兒學的路線，都是碎片。

接下來，我們將進入蒙特梭利的第21至第31個敏感期，瞭解四至七歲孩童的身心發展與教育。

四歲到五歲的婚姻敏感期

講到育兒之道，這裡涉及許多跨學科的很多內容，其中包含著生理解剖學、胚胎學、神經學、腦神經科學，其中又涉及營養學、心理學等等，可說是一門完全跨學科的科學內容。因此，在孩子0～3歲的育兒期的這階段，父母又應該如何做到生理和心理相對協調的狀態下，讓兒童能夠健康茁壯成長。

前提就是通過自然界對人體的生理和心理發展規律的掌握，界定或者引導身為父母的我們該怎樣養出符合正常又健康發展的孩子。首要目標就是要帶出身心靈都健康的孩子，因為沒有健康就無從談起什麼成就，而快樂也是建立在健康

的基礎上的。所以站在范明公之精英教養學的立場，健康是第一順位，快樂是第二順位，成就是第三順位，並按照這個序列來教化、教養、養育我們的下一代。

這是很重要的育兒概念。因為，父母如果把「望子成龍，望女成鳳」放在第一順位，那麼現實中會把「成就」看得很重，便凌駕於健康與快樂之上的話，之後很容易產生親子衝突，也會讓孩子對人生找不到意義。所以范明公的這一套精英教養學是建立在孩子今後成就建立在健康與快樂的基礎上的，先有了健康與快樂，孩子才能在現實中取得任何成就。因為孩子長大以後所獲得的成就，取決於小時候就建立良好的情商、自信、安全感及歸屬感等諸多方面能力。

因此第一是健康，第二要的是開心和快樂，

父母教養便利貼：

在試運行的過程中如果發現有什麼問題，其實就可以調整及修復的，尤其是在18歲之前的青春期階段。

第三才是成就的這個排序是不容調動或更改的，也是非常非常重要的。所以我們做家長的、做父母的，首先要想好我們要的是什麼？是不是按照這個順序排名？那麼接下來，在孩子成長過程中如何進行育兒、教養、教化，才會更順利。

學齡三階段及試運行階段的重要性

第21個敏感期，蒙特梭利稱為「婚姻敏感期」。

我們常聽到四、五歲的小男孩說要跟媽媽結婚，小女孩則是說要跟爸爸結婚。這時候的孩童也特別喜歡扮家家酒，小男孩和小女孩喜歡成天在一起假裝自己是爸爸、自己是媽嗎。有些家長對此很焦慮：「這麼小就開始談戀愛了！」 其實並不是那個概念。要知道孩子在一起扮家家酒，他們對當爸爸、當媽媽的概念跟大人的完全不同。所以，當你看到自己孩子跟另一個小女生或小男孩玩家家酒扮演爸爸媽媽，真的爸爸媽媽應該怎麼辦？要給孩子自由空間，讓他盡情地玩。

你別小看才四、五歲的孩子，他已經知道什麼是家庭結構了，心裡頭也開始萌生對家庭的觀念。扮家家酒的時候，扮演媽媽或爸爸就是一種角色扮演。在扮演角色的時候。孩子必須設身處地，從別人的角度來感受。

　　四、五歲的時候還沒法完全從別人的角度來感受，但這個敏感期就是個開始。如果我們給這個階段的孩子一定空間，放手讓他去玩，他很容易適應這個社會，並且能逐步建立對家庭的概念。當他長大後要組建家庭的時候，很多的觀念與模式都是從這兒來的。

　　對於正值婚姻敏感期的孩子，父母要引導他認識家庭成員的角色。比如，跟孩子說明當爸爸的應該要做些什麼：「爸爸要在外面工作」、「爸爸要讓媽媽心安」、「爸爸要愛孩子，要溫柔，但爸爸也要有力量」、「你在這個家裡面是爸爸，那你應該怎麼做呢？」在這個敏感期，家長的引導很重要，這種引導就是家教。

中國古代早在三、四千年前就開始將三歲的男孩與女孩分開，進行各自的家庭教育。這個時候會開始教導男孩應該注意什麼，身為男人應該是什麼樣子；教導女孩應該注意什麼，好女孩應該是什麼樣子。比如，三歲小女孩一開始接觸的教化內容會包含：好女孩該怎麼做？該怎麼站？看人時的眼神應該是什麼子？中國古人從孩子才三歲的時候就已經開始施展家教，這個做法是對的。

從敏感期來講，古人對養兒育兒各階段的做法，都非常符合現代西方科學實驗得出來的結論。比如，蒙特梭利把這個階段叫做「婚姻敏感期」，我們覺得四歲孩子哪會對婚姻敏感？其實深層含義就在於此。

西方社會並不太注重對孩子各階段的教養。你想想，蒙特梭利教育法才多少年？她這個東西被認為是偉大的發現。那我們中國老祖宗在四、五千年前就有這樣的教育了，代代都按照這種方式來教養子女。現在，中國人連蒙特梭利這些敏感期都不懂，又丟掉了老祖宗的那套東西；所以，現在的三、四歲孩子開始對身份、性別（包

括婚姻）有了懵懵懂懂的意識時，現代的中國父母在這些敏感期就不知道怎麼教育孩子，結果就導致現在的男孩長大後不知道怎麼成為一個好男人，女孩長大後也不知道如何做女人，男孩變成了「娘娘腔」，女孩變成「男人婆」，這就是中國的現狀。

回溯這些娘娘腔、男人婆是怎麼養成的？很可能是在三、四歲的時候，媽媽教育女兒：「女人要自立、強大，不能依靠男人，不能依賴男人。」媽媽覺得自己就是這樣過來的。女權主義也主張：「我要獨立，我要強大！」媽媽如果這麼教育，孩子四、五歲正值這方面的敏感期，敏感期的影響可不止於腦神經的連接，它還會形成固有觀念與固有模式。

心理定勢也在敏感期發展為思維定勢，思維定勢再發展為行為定勢，行為定勢就決定了人的決策。心理定勢是在什麼基礎上形成的？就在觀念的基礎。你認同什麼觀念，心理就會傾向哪個方向，然後就形成了思維定勢，思維定勢又形成了行為定勢，長大以後就會變成男人婆，骨子

裡就是「女人要堅強、獨立」，「女人不能依靠男人，必須四處打拼，像男人一樣往前沖」的思想。

現在的中國家長特別可悲，真的不會教育孩子。要不，學習西方蒙特梭利這套關鍵期、敏感期的教育方法也不錯，但就是學不會。按照中國的老祖宗教育方式，三歲男女有別。男孩子就要接受男孩的教育，女孩子就要經歷女孩的教育。男孩在外，天天拿著刀槍劍戟斧鉞鉤叉，騎著馬，然後拿把假刀往前沖，學習如何在戰爭中保護家人，古人就是這麼教育三歲以後的男孩。女孩基本上不出門，所謂的大門不出、二門不邁。女性長輩教孩子織布、縫補、繡花等女紅，告訴女孩：「女人要溫柔賢淑」，教女孩化妝。

父母教養便利貼：

自己孩子跟另一個小女生或小男孩玩家家酒扮演爸爸媽媽，真的爸爸媽媽該怎麼辦？要給孩子自由空間，讓他盡情地玩，開始萌生對於家庭的觀念。因為，在扮演角色的時候，孩子必須設身處地，從別人的角度來感受。

你看我們古人的教育非常符合現在西方心理學、腦神經學、育兒學的基本理念與發展階段。我不是貶抑西方教育都不好，也不是說東方啥都不是，他們各有長短，也可以彼此借鑒。

四歲到五歲的身份確定敏感期

第22個敏感期叫做「身份確定敏感期」，大約在四到五歲之間。

什麼叫身份確認？比如，讀幼稚園的小女孩可能會很喜歡當白雪公主，希望大家叫自己白雪公主。白雪公主也可以替換成明星等知名人物。

你會發現四、五歲的孩子有偶像了。這個偶像的產生過程，其實就是孩子對自己身份確認的過程：「我」應該是什麼樣的身份？這時候的孩子開始顧及社會性的想法：「我」在社會上是什麼角色？「我」是什麼人？這就是自我評價的起始。四、五歲的孩子還沒有自我評價，僅僅是啟蒙，還無法形成自我評價，但孩子在這段敏感期是有偶像的。

這個時期的身份認同、樹立偶像，對孩子非常重要。孩子四、五歲的偶像是什麼，他長大後的人生基本上就按照這個偶像的形象來發展。比如，鹹蛋超人是幹什麼的？鹹蛋超人是有力量、要拯救世界、不畏邪惡的。如果你兒子天天以鹹蛋超人為偶像，他長大以後這個特質就會特別明顯。孩子在這個敏感期一旦定型了，鹹蛋超人這個偶像在他心裡就會跟一輩子。孩子以後的氣質、未來的發展，甚至從事的職業，也都會跟鹹蛋超人這個偶像有著類似的性格與稟性，甚至連外貌、舉止、氣質都與之有關。所以，為人父母的要注意，這時候應該經常給孩子看些正面人物，不要全給他看反面人物。萬一孩子選擇反面人物做偶像，不就麻煩了？

　　家長在這個時候可以有個適當引導，當然了，如果孩子選擇鹹蛋超人之類的正面人物當偶像，你就順應他。萬一孩子選了一個邪惡角色當偶像，就要注意了。有些家長不懂兒童心理學，還覺得挺搞笑的！有位家長跟我說：「我這孩子喜歡電影《復仇者聯盟》裡的薩諾斯及德克斯，

說毀滅是他的樂趣。」父母可別覺得這很好笑，一旦在敏感期沒有好好引導偶像認同的問題，孩子長大後就會覺得薩諾斯跟毀滅者都是英雄，孩子就是反社會人格。

所以，在身份確定敏感期得注意孩子的偶像認同問題，絕對不能開玩笑。一旦發現孩子選了反面角色、負面人物當偶像，或者，他經常模仿某個反面人物的言行舉止，那就得注意了！孩子為什麼會有這個觀念？為什麼會以這為偶像？他心裡是不是有扭曲？一般來講，正常的孩子都會選正面的偶像來確認自己的身份。會選擇反面角色、負面人物當偶像的孩子，認知方面很可能有問題。

什麼樣的孩子會把反面人物當作身份認同的對象？只有心理扭曲、內心惶恐或有創傷的孩子才會這樣。如果你的孩子在四、五歲的時候會認同反派角色，那就得注意了。必須趕快找心理專家看看孩子內心的狀態。

我們在治療臨床個案的時候就發現：孩子崇拜殘暴、兇殘、血腥、暴力的偶像，現在是很普

遍的現象。我們通常會採取繪畫、塗鴉的方式，
透過孩子畫出來的作品來解讀他的內心世界。像
這樣的小孩，他呈現的深層心理都是殘忍、血腥
的。基本上，四、五歲的小孩會如此，一定是在
他更小的時候曾受過心理創傷。如果孩子在這個
階段認同負面人物，長大以後就很難改了。尤其
是在治療孩童的心理病症時，愈小的孩子愈能透
過繪畫的方式獲得療癒。這時候若不撫平心理創
傷，以後就會形成心理扭曲。

　　一旦孩子在這個敏感期對身份認同出現了誤
差，長大後就會成為黑社會老大、大流氓之類讓
人痛苦的社會敗類。因為小孩子會以這些人為榜
樣，一點一點地朝這個方向發展，最後形成反社
會人格。但是，孩子之所以會認同反派角色，一

父母教養便利貼：

四、五歲的孩童喜歡玩扮家家酒的遊戲。有的小男孩會說
「我要當鹹蛋超人」，小女孩會說「我要當白雪公主」。角
色扮演，就是一種身份確認。

定是源自於童年創傷。我們在孩子小的時候就進行治療，透過繪畫和塗鴉，很自然地就能治好他了。當然，得找對這方面的專家。我們接手過大量的這類個案，發現孩子治好之後，他崇拜的人物馬上就改變了。

　　家中有四、五歲子女的父母，可千萬要注意！平時要引導孩子，一發現問題就馬上找專家處理。當然，現在這樣的專家還很少。要能掌握兒童心理諮商這門技術，真正能進入孩子的內心世界，又能夠通過孩子的繪畫或塗鴉來修復孩子內心創傷的專家，實在是太少了。你要是能碰到，那是天大的福分！

　　以上就是身份認同敏感期的教養注意事項。

四到五歲的性別敏感期

　　第23個敏感期是「性別敏感期」，時間約在四到五歲。

　　這個年紀的孩子開始有男女之別了，在這之前沒有「誰是男的、誰是女的」的概念。這年紀

的小男孩有些會因為好奇，就偷偷跑到女廁去看小女孩。有些老師受不了，就開始責罵孩子：「你這個流氓！怎會跑到女廁去偷看女同學？你以後長大了就是個流氓！」甚至體罰。

千萬不要這樣。四、五歲的孩子只是在這階段對性別會特別好奇。雖然他已經知道男女不同，但，男女到底有什麼區別呢？他就想去了解異性的身體。這是非常好的現象，跟成人那種偷窺是不同的，成人的偷窺是變態。四五歲的孩童，男孩本來就會對女孩好奇，女孩也會對男孩好奇。這時候孩子剛形成性別差異的認知，因此會好奇異性跟我到底有何不同，因此展開對自己身體的探索。

性別敏感期的教養要訣還是這句老話；第一、理解；第二、尊重；第三、溫聲引導。當孩子因為好奇而做出侵犯異性的行為時，大人要溫柔地告訴他：「看異性的隱私是不禮貌的」要讓他有界限感，千萬不要上綱上線，一開口就是批評、懲罰，這樣會給孩子埋下心理創傷，孩子終生就會變得畏縮，特別恐懼探索身體，因為他會

覺得看異性身體或對探索異性身體是種罪惡。一旦這種罪惡感形成了，長大以後看到異性就會恐懼，不敢接觸。

孩子現在已有了性別概念。有時候，幾個男孩女孩聚在一起彼此觀察對方：「你的身體跟我的有什麼不同？」「我這兒怎麼跟你的不一樣？」家長發現之後氣得不得了。尤其是女孩的家長，完全無法接受自己女兒被人觀看、探索身體，就指責男孩：「你這個小流氓，你調戲我女兒，你看我女兒隱私！」接著一頓打。家長啊，千萬不要這樣。這時候，當家長的一定要理解、尊重、順應孩子的天性。當這個階段過去就好了。孩子在這個敏感期對身體的好奇和探索行為，過了這個階段也就沒問題了。

這個時候，也有些小男孩會問媽媽：「媽媽，她是女孩，她和我有什麼不一樣？」你不要當這是什麼神秘、羞恥的事，只需很正常地跟孩子說明男女生理構造的主要差異即可。父母的觀念要正確，才能正確引導孩子。尤其這時候就該對女孩、男孩進行性別教育，這是很重要的。

　　性別敏感期也是孩子建立自己跟異性要有界限感的黃金時期。父母要告知女孩哪些部位不可以露出來，要保護好。要告訴男孩如何去尊重女孩，要告訴男孩要保護好自己，同時也要尊重別人。因為孩子不懂得拿捏分寸，性別敏感期正是教育孩子的時候。孩子在這個年紀大概已知道男女的界限與羞恥心，他也知道什麼應該、什麼不應該。只要家長跟孩子一講，他就能明白。

　　此外，性這件事也不是罪惡。華人的教育常在性方面出問題，導致中國人對男女親熱會有種非常深的罪惡感，覺得性就是一種罪惡。當孩子想了解異性跟自己的身體有哪些不同時，大人只需語氣正常地說明即可。

　　總之，幼稚園老師或父母在這個階段千萬

父母教養便利貼：

性別敏感期也是孩子建立自己跟異性要有界限感的黃金時期。父母要告知女孩哪些部位不可以露出來，要保護好。要告訴男孩如何去尊重女孩，要告訴男孩要保護好自己，同時也要尊重別人。

別太在意孩子探索異性身體的行為。孩子就是好奇而已，大人不要因為反應激烈而強化他這種行為，也不要批評他，讓孩子產生罪惡感。這些錯誤的教養方式都會對孩子將來的心理發展有很大的負面影響。

四歲半到七歲的數學概念敏感期

第24個敏感期稱為「數學概念敏感期」，四歲半到七歲的孩子開始對數字敏感。注意，這裡是指對初級數字的敏感。

什麼是初級數字？比如，「這裡有幾個人？」「有幾顆蘋果？」之類的數字概念。這個概念的形成，就在四歲半到七歲左右的時候。大人不妨趁著孩子對數學概念感興趣的時候教他一些東西，孩子會很願意學。在此要特別說明，所謂的教，並不是機械式的背誦，而是有透過一些趣味遊戲來帶動孩子去認識這些數字的意義，他就會興致滿滿。

在數字概念敏感期的時候，經常帶著孩子學些跟數學有關的事情。比如，大人可以問孩子：買一個玩具是多少錢？這裡有幾隻小鴨？有幾顆蘋果？趁著孩子正值敏感期教導一些數學常識，可以讓孩子慢慢地對這方面形成概念。

　　有些孩子長大後對數學特別感興趣，很適合讀理工科。其實，他對數學的興趣就是從這時候開始的。孩子正值數字敏感期的時候，大人常帶他進行一些跟數學有關的遊戲，讓他多接觸數字，這就是數學智慧最初的發展階段。

　　但要記住，這階段並不是讓你開始教孩子算術！數字概念與算術是兩回事。算術屬於邏輯層次的問題。1+1=2，2+2=4，這叫邏輯。為何不教算術？因為這時候的孩子還沒有邏輯概念，他只是對「幾個」「多少錢」的數字概念感興趣。所以，這階段的教育並不是教孩子九九乘法或加法口訣，也不是教他怎麼計算，甚至拿小學一、二年級的數學題給他做……千萬不要這樣！數字和邏輯是兩個完全不同的概念。孩子七歲以後可以學邏輯，在七歲之前只是對數字感興趣而已。

我們要想強化孩子的能力，就一定要順應，千萬不要控制。控制是「我認為」，然後不考慮孩子能否接受就強加於上。現在有不少年紀才五到七歲的孩子，就已經開始上所謂的學前班，提早學些屬於小學一、二年級的課程。很多家長以為這樣就是讓孩子贏在起跑點。等到孩子到了學齡，跟其他同樣是七歲的孩子一起上小學一年級，他已經學到二年級的程度了，其他孩子沒學過，看起來就像是自家孩子學業超前……其實才不是那麼一回事！

　　當孩子的身心還沒到那個時候，就過早地訓練他某方面能力，這種揠苗助長的教育對孩子沒有好處。千萬不要那樣做！那只會毀掉孩子的學習樂趣。

父母教養便利貼：

在數字概念敏感期的時候，經常帶著孩子學些跟數學有關的事情。比如，大人可以問孩子：買一個玩具是多少錢？這裡有幾隻小鴨？有幾顆蘋果？趁著孩子正值敏感期教導一些數學常識，可以讓孩子慢慢地對這方面形成概念。

五到七歲的認字敏感期

第25個敏感期是「認字敏感期」，時間起迄點是五到七歲。這個階段的孩子對文字、符號等圖形、圖像很感興趣。

五到七歲的孩子看到的文字，其實僅僅只是一個形象而已。七歲以前的孩子還不能理解什麼是筆劃，也不適合教這年紀的孩子書寫。硬教他寫字，就是揠苗助長。但是，這年紀的孩子對文字（符號）感興趣。該怎麼教？不妨利用配圖畫的卡片，每張寫一個字或一句成語，利用字卡給孩子講故事，告訴他這個字、這句成語是什麼意思。

這階段還沒到教孩子寫字的時候。孩子只是對文字的整體符號、形象有興趣，並不是對寫字這個動作感興趣。所以，這時不要去教孩子「人」怎麼寫，「文化」怎麼寫、「文明」怎麼寫、你的名字怎麼寫……這些留到孩子七歲以後上小學再學。

不教寫字，不代表不讓他接觸文字，因為文

字敏感期就是五到七歲。五到七歲的孩子不僅要教他數字，還要教他文字。字卡搭配圖畫，再給他講圖裡的故事，就可同時學到很多。

　孩子最喜歡聽故事了。這方法能讓孩子接觸文字，促使他對文字感興趣並進而識字，但識字的方式又不是死記硬背，也不是讓機械式地寫接觸數學的方式，也不是讓孩子算幾加幾、幾乘幾、背誦乘法口訣…..這些內容在這階段都是不可以的。大人這時候教五到七歲的孩子數學，就要像是跟他玩遊戲一樣。比如，一張圖裡面有三隻小鴨，大人就可以問孩子這裡有幾隻小鴨？就這樣，一點一滴地幫他建立對數字的興趣。反過來，若父母要逼孩子背乘法口訣，逼他算3×5等於幾，孩子就會覺得這是任務、打消對數學的興趣，甚至以後一看到數學就覺得頭疼。為什麼會有反效果？因為太早進行教育只是揠苗助長。當孩子在某個敏感期的時候對某方面產生興趣，你只能順應孩子的身心成長進度，不能過度地超前引導。

　父母在認字敏感期應該注意什麼？就是以下

四個要點。

第一、接觸大自然！這點最重要的，七歲以前的孩子要儘量讓他多多接觸大自然。

第二、接觸人群，跟孩子在一起。三歲以後的孩子要跟同年齡的小朋友在一起。

第三、然後才是孩子的基本的禮儀規範、家教、社會規範。

第四、趁著黃金學習期，教他數學和文字。父母每天找出一些時間教孩子。不必花太多時間在學這些事，孩子不能把大部分時間都放在學習數學、英語或文字上面，他應該多接觸大自然、多多跟同儕相處。

雖說五到七歲是文字、數字等方面的敏感期，但若父母光只顧著教他英語、國字、數學，

父母教養便利貼：

五到七歲的孩子不僅要教他數字，還要教他文字。怎麼教？字卡搭配圖畫，給他講圖裡的故事。孩子最喜歡聽故事了。這方法就能讓孩子接觸文字，促使他對文字感興趣並進而識字。

這只是開發大腦皮層的某幾區。五到七歲的孩子應該要綜合地開發好幾種能力。要想達到綜合開發，只有在大自然當中才能有更好的腦神經連接，才能更好地觀察事物，才能更好地感受宇宙萬物。

人類大腦充分建立神經連接的時候就是零到七歲之前。人為的所有教化、教育都是次要的，只有大自然能給孩子最美的感受，能給到他最美妙的觀察。

四歲到七歲的繪畫音樂敏感期

第26個敏感期稱為「繪畫音樂敏感期」，時間是四歲到七歲。這個時期的孩子特別喜歡畫畫、喜歡音樂，或是喜愛某一類的音樂，

只要孩子喜歡，父母就可以讓他盡情涉獵。但要注意一點：在敏感期的孩子無論是學畫也好、學音樂也好，都沒有毅力。常有父母對此非常疑惑：孩子之前吵著要學古琴、想學鋼琴、想學畫畫；幫他報了古琴班、鋼琴班或繪畫班，孩

子學個兩天就不想學了

　　家長千萬別因此動怒。孩子想學，就是感興趣，就是想玩。有的老師很喜歡和孩子互動，因此很能激發孩子的興趣。孩子跟到這樣的老師，就會很願意繼續跟著學。有些老師只是指定學習任務，教學死板，孩子本來是因興趣而來，一旦被指定任務了，動機就會消失，孩子就不高興、不想學了。

　　針對孩子沒毅力學習的問題，家長可以跟孩子事前約法三章。比如，鋼琴班一期共上課10次。「可以報名，但是我們先約好，你必須得學完這十次，後面要不要繼續上下一期？由你自己決定。但這十次報了名就得先學完。」這也是一種教育，培養孩子守信、約束以及自律的能力。

父母教養便利貼：

只要孩子喜歡，父母就可以讓他盡情涉獵。但要注意一點：在敏感期的孩子無論是學畫也好、學音樂也好，都沒有毅力。家長可以跟孩子事前約法三章，培養孩子守信、約束以及自律的能力。

當然，如果孩子在這階段感興趣的事情也會比較多，今天喜歡素描，明天喜歡油畫，後天喜歡塗鴉……這都是正常的，沒有問題。我們要允許他盡量去接觸、去體驗。

五到七歲的延續婚姻敏感期

蒙特梭利稱第27個敏感期為「延續婚姻敏感期」，時間是五到七歲。本章第一段就提到四到五歲會有個「婚姻敏感期」，孩子在那個時候會對性別進行認同與確認。延續婚姻敏感期，也就是延續前面的婚姻敏感期。

七歲之前的孩子通常喜歡跟某個異性小朋友在一起。其實，孩子這時已經明顯表現出將來選擇另一半的傾向，他甚至已經知道婚姻的一些基本規則。比如，「我知道我愛她，我要娶她。」有時候家長看到兩個還沒七歲的小孩手拉著手，說以後我倆要結婚之類的童顏童語，覺得好笑。殊不知，五到七歲正是孩子對這方面的敏感期。

家長也別覺得小男孩、小女孩這樣子不好。

第七章 孩童的身心發展與教育——蒙特梭利第 21 至第 31 個敏感期

「你才七歲，這是早戀了。不好，會影響學習。」別打壓、打擊孩子，也別想太多，家長只需要順應、理解、尊重孩子即可。

家長也可趁這個機會，跟孩子講些關於家庭是怎麼回事、父母跟家庭的觀念，這樣就能形成孩子長大之後對「家庭」的認知。

六到七歲的社會性興趣敏感期

第28個敏感期，叫做「社會性興趣敏感期」，大約在六到七歲左右。所謂的社會性興趣，也就是社會規範、社會規則。

孩子這時候已經開始有了一些關於群體的概念。比如，小學一年級的學生都滿七歲了，老師就可以在這個班裡面選班長與班級幹部。孩子們通常會爭先恐後地極力爭取：「我要當班長」「我當衛生委員」，這就叫社會性的興趣。

六、七歲正是孩子對團體（社會）感興趣的階段。在選班長的時候，孩子的動力是強還是弱？孩子怎麼看待選班長這件事？孩子能不能參

與、用什麼方式參與選舉？家長在這個敏感期就
要很好地引導孩子，灌輸他一些想法：要不要競
選班長？應不應該競選這個班長？它的利弊在
哪？如果想選上，要怎麼做才能選上？這就是家
長在言傳身教。家長對這個問題的認知以及模
式，直接會影響到孩子。

　　如果家長本身清心寡欲，那麼，孩子也會
養成一副不爭不搶、與世無爭的樣子。因為，當
孩子跟父母說我要選班長。清心寡欲、與世無爭
的家長就可能就會這樣告訴孩子：「那有什麼意
義？耽誤學習嘛！天天為同學服務有什麼意義？
我們上學第一任務是學習，跟他們爭什麼？你要
是當上班長了，全班就你最突出，別人就會嫉妒
你，就會因為嫉妒而害你。」如果大人給孩子灌

父母教養便利貼：

「社會性興趣敏感期」的孩子已經開始有了一些關於群
體的概念，通常會爭先恐後地極力爭取：「我要當班長」
「我當衛生委員」，這就叫社會性的興趣。家長在這時就要
很好地引導孩子，灌輸他一些想法。

輸這種觀念，孩子長大之後就變得不敢擔責任、不敢出頭，這就是這個敏感期的影響。

當社會性興趣敏感期到來的時候，孩子會開始逐步地形成這方面的觀念，父母師長可以幫孩子制定競賽之類的規則。這時候對孩子進行相關教育，將會起到很大的作用。

六歲到七歲的數學邏輯敏感期

第29個敏感期是「數學邏輯敏感期」，大概是在七歲左右，心智發展較快的孩子可能在六歲就開始。

數學邏輯和前面的數學概念（數字）是不一樣的，這叫數學邏輯。數學邏輯方面不僅僅是對數據感興趣，這個敏感期正值孩子上小學一年級的時候。孩子在學校裡不僅學習數量，還會學習一些屬於數學邏輯的數列、序列、概念，以及概念與概念之間的關係。

為何到這時我們才可以進行這方面的訓練？因為，這才符合孩子大腦的發育規律。早了，對

孩子沒有好處。七歲開始上學是符合孩子發展規律的，他上學以後學的就是這些東西。

　　七歲是一個非常重要的分水嶺，三歲很重要，七歲也很重要，所以，我們老祖宗說的這句話「三歲看大，七歲看老」，一點也沒錯。

六歲到七歲的實驗和搜集敏感期

　　第30個敏感期，蒙特梭利稱為「動植物科學實驗和搜集敏感期」，時間是六到七歲左右。

　　這階段的孩子特別熱衷科學實驗、搜集標本，搜集喜歡的小玩意，也喜歡看童話與動畫。一些簡單的科學實驗，他可感興趣了。所以，這時候你領他到博物館、展覽館、動物園、植物園去觀察各種動植物、各種科學發明，了解宇宙究竟是怎麼一回事……大量帶孩子去這些地方，然後不斷引導，孩子長大後就會對這方面展現天賦。因為，你在他正值這個敏感期的時候適當地進行了這方面的培訓與強化。

六歲到七歲的文化敏感期

第31個敏感期稱為「文化敏感期」，也是七歲左右。

什麼是文化敏感期？七歲左右的孩子對於文化、知識、宇宙奧秘、真諦等事務會產生高度興趣，這些東西已經涉及到哲學層面。

大腦成長，有幾個時間點會呈現飛躍性的成長。我們在第四章的時候也提到大腦的成長模式。嬰兒剛出生時，大腦重量是360克，哺乳期是一個時間點：590克。到了三歲左右增加一倍變成 990克到1011克。三歲到七歲又增加了280克。基本上，大腦在七歲的時候大致成型。到18歲之後就不長了，大腦重量介於1280克到1400克。以成年人大腦最重的重量1400多克來看，在七歲之後頂多長個100克。這100克就是七歲之前透過後天的大量學習，大腦才增加100克。

大腦的成長狀態和腦神經連接成熟的、大腦功能成熟的階段其實是完全掛鉤的。我們的養

兒、育兒，一定要符合大腦的生理構造，最後才能保證我們按照這個路子走是符合規律的。符合什麼規律？首先就是符合大腦發展的規律。

逼孩子放學後去補習，不如重視言傳身教

很多望子成龍、望女成鳳的父母，在孩子剛上小學的時候就四處找補習班報名，認為這就是教育、認為孩子多學幾個字將來就能出人頭地。我告訴你，這樣做錯了！

首先，在孩子七歲的時候，他人生最重要的教育已經結束了！因為此時大腦各區域都已過了關鍵期和敏感期，基本上這個人已經定型了。有句俗話說得好：「三歲看大，七歲看老」。在三歲的時候，人生三分之二的銘刻就已經固定了，剩下的三分之一則在七歲之前完成固定。

再者，補習之類的後天教育，對孩子一生的影響實在是太微不足道了。如果真想讓孩子長大之後喜歡學習、考上一流大學，請記住這點：在懷他的時候就要創造學習的環境。你跟周圍的

人都要學習，並持續到孩子出生後。讓孩子在這種環境成長，他自然就會樂於學習、對自己有要求。哪還需要逼個小學生在放學後還要上補習班？

孩子出生之後的環境，真的很重要。

常看電視的孩子也有個好處：知識面挺廣的。因為電視節目裡什麼資訊都有，他從小就受這樣的薰陶，因此在這方面有天賦。你讓他查個資料，他一下就查到了。但是，這樣的人，知識面雖廣卻不深。畢竟電視節目都是娛樂、浮誇的內容，他只看電視，知識深度也就受到了限制。

書香門第的人家通常都不怎麼看電視。家人不是讀書、彈琴，就是在進行深度交流。在這樣環境長大的孩子，以後就自然習慣讀書、彈琴、進行深度交流。如果孩子生下來以後，父母天天坐在那兒打麻將，成天就是胡了、二筒、三萬地喊著，孩子即使從沒上桌玩麻將，也知道什麼牌該吃、什麼牌該碰。因為他從小聽到、看到的就是這些。這樣的環境，造就他成為小賭王。

為什麼孟母要三遷？孟母也許不識字、也

許不知道怎麼教孩子，但她知道周遭環境對孩子的影響。所以，她為了給孟子一個更好的成長環境而搬家。所謂的三遷，並不是搬三次家，而是很多次。孟母為什麼要這樣地不辭辛苦、不怕麻煩？因為，孩子最早接觸什麼人、最早接觸什麼事物，都會深深印刻在他的腦袋裡。

　　所以，家庭教育很重要！孩子從嬰兒時期接觸的人、接觸的環境，就是形塑他一生最重要的教育。

父母教養便利貼：

父母對孩子一定要做到言傳身教，才是真正的教育，而且愈早展開愈好。

筆記 notes

筆記 notes

筆記 notes

筆記 notes

范明公精英教養學（二）
——無縫陪伴及孩童從零～七歲的身心發展與教育

作　　　　者／范明公
出 版 贊 助／劉丹、牛博
文 字 編 輯／張華承、李寶怡
執 行 編 輯／李寶怡
封面及版型設計／廖又頤
美 術 編 輯／廖又頤
企 畫 選 書 人／賈俊國

總 　 編 　 輯／賈俊國
副 總 編 輯／蘇士尹
編 　 　 　 輯／高懿萩
行 銷 企 畫／張莉榮、蕭羽猜、黃欣

發 　 行 　 人／何飛鵬
出 　 　 　 版／布克文化出版事業部
　　　　　　　台北市民生東路二段 141 號 8 樓
　　　　　　　電話：02-2500-7008
　　　　　　　傳真：02-2502-7676
　　　　　　　Email：sbooker.service@cite.com.tw
發 　 　 　 行／英屬蓋曼群島商家庭傳媒股份有限公司城邦分公司
　　　　　　　台北市中山區民生東路二段 141 號 2 樓
　　　　　　　書虫客服服務專線：02-25007718；25007719
　　　　　　　24 小時傳真專線：02-25001990；25001991
　　　　　　　劃撥帳號：19863813；戶名：書虫股份有限公司
　　　　　　　讀者服務信箱：service@readingclub.com.tw

香港發行所／城邦(香港)出版集團有限公司
　　　　　　　香港灣仔駱克道 193 號東超商業中心 1 樓
　　　　　　　電話：+86-2508-6231　傳真：+86-2578-9337
　　　　　　　Email：hkcite@biznetvigator.com

馬新發行所／城邦(馬新)出版集團 Cité (M) Sdn.
　　　　　　　Bhd.41, Jalan Radin Anum, Bandar Baru Sri Petaing, 57000
　　　　　　　KualaLumpur, Malaysia
　　　　　　　電話：+603-9057-8822　傳真：+603-9057-6622
　　　　　　　Email：cite@cite.com.my

印 　 　 　 刷／韋懋實業
初 　 　 　 版／2021年 3 月
售 　 　 　 價／新台幣 300 元
ISBN／978-986-5568-51-1
EISBN／978-986-5568-50-4（EPUB）